MÜTTER BERÜHMTER MENSCHEN

Wolfgang Bader (Hrsg.)

Mütter berühmter Menschen

VERLAG NEUE STADT
MÜNCHEN · ZÜRICH · WIEN

Ein Buch aus der Reihe *Saatkörner*

Die Deutsche Bibliothek - CIP-Einheitsaufnahme

Mütter berühmter Menschen :

Wolfgang Bader.
- 1. Aufl. -
München ; Zürich ; Wien : Verl. Neue Stadt, 1992
(Reihe „Saatkörner“)
ISBN 3-87996-279-0

1992, 1. Auflage

Umschlagabbildung: Pablo Picasso, Mutter mit Kind, 1973,

Satz und Gestaltung: Neue Stadt-Graphik
Druck: MZ-Verlagsdruckerei GmbH, Memmingen
ISBN 3-87996-279-0

VORWORT

Wer einen Menschen tiefer kennenlernen will, interessiert sich auch für seine Mutter. Wer die Mutter kennt, versteht die Tochter, den Sohn besser.

Auf diesen Seiten kommen berühmte Kinder zu Wort, Erinnerungen an die Mutter werden zusammengetragen: biographische Notizen, wichtige und unscheinbare Begebenheiten, Briefe und Worte von Müttern und Kindern, Gedichte und Gemälde.

Im Durchgang durch die Geschichte wird deutlich, wie sehr sich Bild und Rolle der Mutter im Lauf der Jahrhunderte gewandelt haben. Das soll nicht gewertet werden. Zwischen den Zeilen klingen viele Formen von Mutter-Kind-Beziehungen an und laden zum Nachdenken ein: über die wunderbare Vielfalt des Lebens wie über die Geschichte mannigfaltigen Leidens.

Wenn auch jede Mutter und jede Familie einmalig ist, so ist doch eines allen gemeinsam: Vor der Mutter bleibt auch der Erwachsene immer Kind. Das Kind im Menschen gehört zu seinem Wesen. Sterben nicht immer wieder Menschen mit einem letzten Wort auf den Lippen: „Mutter“?

Mütter sind oft die großen Unbekannten der

„Geboren wird nicht nur das Kind durch die Mutter, sondern auch die Mutter durch das Kind.“ (Gertrud von Le Fort)

Menschheit, sie treten zurück hinter ihren Kindern. Manchmal so sehr, daß in den Biographien der bekannten Großen ihre Namen, ihr Leben fast verschwindet, oft nicht einmal erwähnt wird: Berühmte Kinder stammen vom Vater und seinem Geschlecht ab. Es ist ein Anliegen dieses Buches, auch diesem Defizit entgegenzuwirken.

W.B.

MONIKA

Monika, die Mutter des Augustinus, wurde 331 in Tagaste in Afrika geboren. Ihre Familie war, soweit wir wissen, begütert und geachtet. Sie gehörte zur Mittelschicht afrikanischen Ursprungs, war aber geprägt von der römischen Kultur und Sprache.

Monika wurde mehr als von den Eltern von einer alten Haussklavin erzogen. Wann sie heiratete, wissen wir nicht. Ihr Mann, Patrizius, Mitglied des „erlauchtesten Rates“ der Stadt, muß ein zorniger und untreuer Gatte gewesen sein. Durch das Beispiel der Güte und Geduld seiner Frau bekehrte er sich zum christlichen Glauben. 371, kurz nachdem er die Taufe empfangen hatte, starb er.

„Der Vater, selbst ungläubig, hat mich nicht daran gehindert, an Christus zu glauben. Denn es war das eifrige Bemühen meiner Mutter, daß du, mein Gott, in viel höherem Grade mein Vater seiest als er. Du standest ihr hierin bei, so daß sie sich bei ihrem Gatten durchsetzte.“

Monika war 23 Jahre alt, als Augustinus, wahrscheinlich der Erstgeborene, zur Welt kam. Sie hatte mindestens noch einen Sohn, Navigius, und eine Tochter, von der wir nicht einmal den Namen kennen.

Augustinus

(354–430)

Bischof von Hippo (heute in Algerien), Kirchenlehrer. Der große Philosoph ist der bedeutendste Theologe unter den Kirchenvätern.

„Meiner Mutter habe ich alles zu verdanken, was ich bin und was ich jetzt lebe." Augustinus verdankt ihr seinen bestechenden Scharfsinn, seinen leidenschaftlichen Drang nach der Wahrheit, seinen edelmütigen und starken Charakter, die christliche Erziehung, die Hinführung zum Studium und nicht zuletzt die Rückkehr zum Glauben. Er fühlte sich zweimal von ihr geboren: zum irdischen und zum göttlichen Leben.

Nach dem Studium in Madaura verbrachte der 16jährige Augustinus ein Jahr des freizügigen Müßiggangs. Die Mutter gab ihm gutgemeinte Ratschläge, denen der Heranwachsende jedoch nicht folgte. Im Rückblick als reifer Mann bekennt er die Fehler dieser Zeit:
„Kann ich wirklich sagen, mein Gott, du habest geschwiegen, da ich mich immer weiter von dir entfernte? Warst du mir damals wirklich verschlossen gewesen? Waren es nicht deine Worte, die du mir durch meine Mutter, deine Dienerin, ins Ohr geflüstert hast? Doch sie drangen nicht in mein Herz, daß ich danach gehandelt hätte. Ich erinnere mich, wie inständig sie davor warnte, Unzucht zu treiben, und vor allem, irgend jemandes Frau zu verführen. Diese Ermahnungen kamen mir weibisch vor, und ich hätte mich geschämt, auf sie zu hören. Doch sie stammten von dir, ohne daß ich es wußte, und ich meinte, daß du schwiegest und jene spräche. Obwohl du also für mich nicht stumm warst, wurdest du in ihr von mir verachtet.

Die heilige Monika begleitet Augustinus zur Schule (Unbekannter Meister, 15. Jh.)

Doch ich wußte es nicht und stürmte in solch blinder Leidenschaft vorwärts, daß ich mich vor meinen Altersgenossen schämte, wenn das Maß meiner Schändlichkeit geringer war als ihres; hörte ich jene doch mit ihren schimpflichen Handlungen prahlen und sich um so mehr rühmen, je verworfener sie waren. So gelüstete auch mich nach solchem Tun, nicht nur aus Lust an solchem Handeln, sondern auch aus dem Streben nach Anerkennung."

Mit 19 Jahren brach Augustinus die Beziehung zur katholischen Kirche ab und schloß sich dem Manichäismus an, einer Sekte, nach deren Lehre das Heil einzig und allein aus dem Wissen und der Erkenntnis kommt. Er nahm sich eine Lebensgefährtin und bekam von ihr einen Sohn, Adeodatus (372–389/391).
„Ich bekenne, daß ich vorübergehend meine Augen von jenem Glauben abgewandt hatte, der mir von Kindheit an eingegeben war und der mich bis ins Mark durchdrungen hatte. Er zog mich an, ohne daß ich es gemerkt hätte. So begann ich zwischen Unschlüssigkeit, Begeisterung und Ungewißheit den Apostel Paulus zu lesen."

Vierzehn Jahre lang betete Monika unter vielen Tränen und bat um die Bekehrung ihres Sohnes.
„Ich weiß es nicht mit Worten zu beschreiben, wie sehr ihr Herz für mich schlug und wie ihre Bekümmernis um meine geistige Wiedergeburt

weit größer war als ihr Schmerz bei meiner leiblichen Geburt."

Monika bemühte sich, ihrem Sohn möglichst nahe zu sein. Sie folgte ihm nach Karthago, wo er sein Studium mit der Doktorwürde abschloß, und 387 auch nach Mailand. Dort brachte sie ihn in Kontakt mit Bischof Ambrosius. Als Augustinus durch die Lektüre der Heiligen Schrift zu einem neuen Leben fand, ist Monika die erste, mit der er darüber spricht. In der Osternacht des Jahres 387 ließ er sich von Ambrosius taufen.

„Ein Sohn solcher Tränen kann nicht verlorengehen." (Ambrosius, der Bischof von Mailand, der Augustinus taufte, zu Monika, die ihn anflehte, mit ihrem Sohn zu sprechen)

Im gleichen Jahr hielten sich Mutter und Sohn in Ostia auf. Sie wollten sich erholen und warteten auf das Schiff nach Afrika.
Da standen sie eines Tages am Fenster, das auf den Hof des Hauses hinausging. Sie waren allein und unterhielten sich über das ewige Leben. Sie suchten zu verstehen, worin die Glückseligkeit besteht, und sie vergaßen dabei alles um sich herum, ja sich selbst.

„Wir durchwanderten Stufe um Stufe die ganze Welt hinauf bis zum Himmel, von dem Sonne und Mond und Sterne auf die Erde herableuchten. Immer weiter stiegen wir hinauf und betrachteten voller Bewunderung deine Werke. … Während wir so miteinander sprachen und uns nach der Wahrheit sehnten, berührten wir sie kurz in einem Moment höchster innerer Ergriffenheit. Dann kehrten wir wieder zur Erde zurück, zu Worten, die Anfang und Ende haben. Was aber gleicht deinem Wort, das ewig Bestand hat und alles erneuert? ..."

Wenige Tage nach diesem Gespräch in Ostia wurde Monika krank und starb (387).

„Ich drückte ihr die Augen zu. Ungeheure Traurigkeit strömte in mein Herz und ergoß sich in Tränen. Doch auf das Geheiß meiner Seele drängte ich sie gewaltsam zurück, so daß meine Augen trocken wurden; aber gar sehr hatte ich mit den Tränen zu kämpfen. ...

Was war es denn, was mich so tief im Innern schmerzte? Daß unser inniges, mir so teures, trauliches Zusammenleben derart plötzlich zu Ende ging, das war wie eine frische Wunde für mich. Wohl fand ich Trost darin, daß sie noch in den letzten Tagen ihrer Krankheit mir zulächelte, mich ihren guten Sohn nannte und mit wahrer Herzensliebe mich erinnerte, daß sie niemals aus meinem Mund ein hartes oder beleidigendes Wort gehört habe. Doch was will ich sagen, mein Gott, der du uns geschaffen hast? Wie hätte ich die Ehren, die ich ihr erwies, mit dem Dienst, den sie mir erwiesen hat, vergleichen können? Weil ich also einen so großen Trost an ihr verlor, deshalb war meine Seele verwundet. Mein Leben, das so innig mit dem ihren verbunden gewesen war, es war gewissermaßen zerrissen."

„Ambrosius schätzte Monika, da sie viel Gutes tat und häufig die Kirche besuchte. Wenn er mich sah, beglückwünschte er mich zu einer solchen Mutter." (Augustinus)

In der Nacht nach der Beerdigung, als Augusti-

nus allein auf seinem Zimmer war, konnte er seinen Schmerz nicht mehr zurückhalten:
„Jetzt weinte ich vor deinem Angesicht um sie und für sie, um mich und für mich. Ich ließ den Tränen, die ich so lange zurückgehalten hatte, freien Lauf, daß sie strömten, soviel sie wollten; ich bettete mein Herz auf ihnen und ließ es in ihnen ausruhen. Denn nun hörtest nur noch du mir zu, und kein Mensch, der mein Weinen in hochmütiger Weise gedeutet hätte."

421 schrieb Augustinus ein Buch „Über die Sorge für die Verstorbenen". Darin erinnert er auch an seine Mutter, von der er oft träumte:
„Wenn die Seelen der Verstorbenen sich für die Geschehnisse dieser Welt interessierten und zu uns sprächen, sooft wir sie im Traum sehen, dann würde meine Mutter, um nicht andere zu nennen, mich nicht eine Nacht alleinlassen, sie, die mir gefolgt ist zu Land und zu Wasser und immer bei mir leben wollte. Ich kann unmöglich glauben, daß ihre Glückseligkeit sie so grausam hätte werden lassen, daß sie diesen ihren Sohn in seinem Kummer und seiner Traurigkeit nicht trösten würde, diesen Sohn, der ihre einzige Liebe war und den sie nicht traurig sehen konnte."

NONNA

Gregor von Nazianz

(330–390)

Der Bischof und Kirchenlehrer war der erste große Vertreter eines christlichen Humanismus.

Nonna, die Mutter des großen Kirchenvaters Gregor von Nazianz, war verheiratet mit Gregor, dem angesehenen Juristen und Bürgermeister von Nazianz. Ihr Vorbild und ihr Gebet führten ihren Mann zum Glauben.
„Dem Gebet und der Leitung der Mutter verdanken wir den guten Hirten und das Vorbild eines guten Hirten", sagte ihr Sohn. Der Vater ließ sich taufen (um 325), wurde zum Priester geweiht und nur vier Jahre später zum Bischof gewählt. Über 40 Jahre leitete er das Bistum Nazianz, das dann der Sohn für zwei Jahre übernahm, bis ein Nachfolger gefunden war.

Aus der Ehe gingen drei Kinder hervor, welche die Mutter „schon vor der Geburt Gott versprochen und sofort nach der Geburt Gott geweiht hat".
Gorgonia, die älteste Tochter, wurde Mutter von drei Kindern, von denen zwei Bischöfe waren. Sie starb schon um 370. In der Trauerrede sagte Gregor: „Ihr Leben, ihre Ehe, die Keime ihrer Frömmigkeit, den guten Lebenswandel, die Hoffnung auf ein besseres Leben und den seligen Tod - all das verdankt Gorgonia ihren Eltern."

Gregor (geb. um 329) war der Mittlere. Seinen Reden, die uns überliefert sind, verdanken wir die Kenntnisse über seine Eltern.
Cäsarius wurde als bekannter Arzt an den kaiserlichen Hof gerufen. Auch er starb vor den Eltern (368). Und auch für ihn mußte Gregor die Grabrede halten: „Diese würdigen, alten Eltern verdienen ebenso wegen ihrer Tugend wie wegen ihres Alters Verehrung. Ihr Körper ist zwar infolge der Jahre geschwächt, doch ihre Seele ist jung in Gott. Die Mutter hat die Frömmigkeit als unveräußerliches Erbe nicht nur selbst bewahrt, sondern auch ihren Kindern übermittelt. Beide Eltern lieben ihre Kinder und lieben Christus, ja sie lieben - eine Seltenheit! - Christus noch mehr als ihre Kinder. Sie sind gütig und barmherzig."

Nicht nur zwei Kinder, auch ihren fast 100jährigen Mann mußte die Mutter zum Grab geleiten (373). „Wir haben den weisen Steuermann verloren, die Leuchte unseres Lebens. Man kann nicht sagen, daß jemand glücklicher war in der Ehe als der Verstorbene. Das Vorbildlichste von männlicher und weiblicher Natur hatte sich geeint, so daß die Ehe ebensosehr eine körperliche wie eine seelische Verbindung war."
(Grabrede Gregors auf den Vater)
Noch im selben Jahr wie der Vater starb auch die Mutter, während sie in der Kirche die Messe mitfeierte.
„Vieles an ihr wäre zu rühmen, wenn es nicht

„Ihr kennt den harten Stand nicht, den wir haben, die wir diese hohe bischöfliche Würde bekleiden und der Gemeinde Ermahnungen geben. … Ihr wißt nicht, welch großes Geschenk es ist, schweigen zu dürfen und nicht jederzeit reden zu müssen." (Gregor v. Nazianz)

als Anmaßung erschiene, daß ich lobend über meine eigene Familie spreche. Vor allem wäre ihre Nächstenliebe zu erwähnen. Nicht einmal der Atlantische Ozean oder sonst ein Riesengewässer hätte für ihre Freigebigkeit genügt, wenn sie denselben hätte ausschöpfen können. So groß war ihre Liebe zum Schenken. Alles, was die Eltern besaßen, war ihr zu wenig im Vergleich zu dem, was sie gerne verschenkt hätte."

Emelia

Die Mutter der beiden Kirchenlehrer Basilius und Gregor wurde in Kappadozien geboren, einem kargen Gebiet, wo die Winter äußerst kalt sein können. Ihr Vater starb als Märtyrer in den Verfolgungen unter Diokletian. Kurze Zeit später rief Gott auch ihre Mutter Makrina zu sich, die ebenfalls als Heilige verehrt wird.
Als junge Frau muß Emelia ausgesprochen attraktiv gewesen sein. Es wird berichtet, daß mehrere Männer „entschlossen waren, sie zu entführen". Da „wählte sie sich einen wegen seines ehrenhaften Lebens bekannten und bewährten Mann zum Beschützer ihres Lebens". Er hieß Basilius und wird zur Unterscheidung von seinem Sohn „der Ältere" genannt. Basilius d. Ä. war Advokat in Caesarea, wo er auch einen Lehrstuhl für Rhetorik innehatte. Caesarea war damals eine der schönsten Städte Kleinasiens. Es gab dort eine berühmte Hochschule, zu der Lehrer und Studenten aus dem ganzen griechischen Sprachgebiet hinströmten.
Emelia und Basilius bekamen zehn Kinder, fünf Söhne und fünf Töchter. Einige sind uns bis heute bekannt: die älteste Tochter Makrina, Basilius, Naukratius, Gregor und Petrus.

Basilius

(ca. 330–379)

Der Bischof und Kirchenlehrer prägte gemeinsam mit Athanasius die Theologie des Heiligen Geistes.

Gregor

(um 335–394)

Der Bischof von Nyssa war zugleich Philosoph und Mystiker.

Die Mutter, so schreibt ihr Sohn Gregor, „war so tugendhaft, daß sie sich überall vom göttlichen Willen leiten ließ und einen reinen, unbefleckten Lebenswandel liebte". Ihre älteste Tochter, die auf den Namen der Großmutter Makrina getauft wurde, war - besonders nach dem Tod des Vaters (um 349) - eine Stütze für die ganze Familie. Die Mutter sagte von ihr: „Die übrigen Kinder habe ich eine bestimmte Zeit im Schoß getragen, sie aber trage ich gewissermaßen allezeit und überall mit mir herum." Makrina hat mit Gleichgesinnten eine klösterliche Lebensgemeinschaft gegründet. Nachdem alle Geschwister versorgt waren, überzeugte Makrina die Mutter, das bisherige prunkvolle Leben und die gewohnte Umgebung aufzugeben, „um den einfachen Leuten gleich zu werden und ihr Leben in enger Verbindung mit der Gemeinschaft der gottgeweihten Frauen zu verbringen". Die Mutter willigte ein, „nachdem sie aus den vielen Sklavinnen und Leibeigenen, welche sie besaß, Schwestern und Genossinnen gemacht hatte".

„Viel Zeit habe ich mit Nichtigkeiten verbracht, fast meine ganze Jugend beschäftigte ich mich mit dem Hören der Weisheit, die vor Gott eine Torheit ist. Doch fast, als ob ich aus einem langen Schlaf erwachte, schaute ich eines Tages das wunderbare Licht der Wahrheit des Evangeliums. Ich entdeckte, wie leer die Weisheit der Fürsten dieser Welt ist."
(Basilius)

Makrina leitete die Mutter an zum „Streben nach der Demut, so daß sie den Tisch, das Lager und alles, was zum Leben gehörte, mit allen teilte, wobei aller Rangunterschied in ihrem Leben aufgehoben war. So vortrefflich war ihr Leben und so tief ihre Weisheit, daß man es mit Worten nicht beschreiben kann".

Basilius, den schon seine Zeitgenossen den „Großen“ nannten, kam um 330 zur Welt. Ganz in der Nähe seiner Schwester Makrina, in Annesi, einem abgelegenen Ort am Fluß Iris, gründete er eine Gemeinschaft von gottgeweihten Männern, für die er die ersten Ordensregeln schrieb. Er wurde so zum „Vater des morgenländischen Mönchtums“. Als Erzbischof seiner Heimatstadt Caesarea (ab 370) und als einflußreicher Theologe gehört er zu den bedeutendsten Kirchenlehrern der Geschichte. Er starb am 1. Januar 379.

Naukratius, der als Einsiedler in einer abgelegenen Gegend lebte, starb ganz plötzlich mit 27 Jahren. „Die Mutter weilte drei Tagreisen weit vom Unglücksort entfernt. Als ein Bote ihr das Unglück meldete, fiel sie mit gebrochenem Herzen ohnmächtig um, wie ein durch einen unerwarteten Schlag zu Boden geworfener edler Held.“

Gregor wurde um 334 geboren. Er studierte Rhetorik und Philosophie. Auf Drängen seiner Schwester Makrina schloß er sich um 360 seinem Bruder Basilius und dessen Freund Gregor von Nazianz an und folgte ihnen in die Einsamkeit am Pontus. 371 wurde er von Basilius zum Bischof von Nyssa geweiht. Er starb im Jahr 394.

Der jüngste Sohn, Petrus, kam um 349 zur Welt. „Die letzte Frucht ihrer Wehen. Er war zugleich Sohn und Waise; denn als er zur Welt kam, schied der Vater aus dem Leben. Er wurde ein solch vorbildlicher Mensch, daß er seinem großen Bruder Basilius, der ihn 380 zum Bischof von Sebaste weihte, nicht nachzustehen schien."

In der Gemeinschaft um Makrina, in der Einöde am Pontus, verbrachte die Mutter ihren Lebensabend. „Sie schied zu Gott hinüber in den Armen ihrer Kinder Makrina und Petrus (um 372). Sie erinnerte sich in Liebe aller Anwesenden, so daß niemand ihres Segens verlustig ging. Sie faßte die beiden Kinder je mit einer Hand und betete mit ihren letzten Worten zu Gott: Dir, Herr, weihe ich die Erstlingsgabe und den Zehnten meiner Mutterschmerzen. Dir ist im Gesetz beides geheiligt, und dir gehören sie als Geschenke an.
Als sie zu segnen aufhörte, hörte auch ihr Leben auf. Zuvor hatte sie ihren Kindern noch aufgetragen, ihren Leib im väterlichen Grab zu bestatten."
Sie hatte für ihren verstorbenen Mann eine Kapelle errichten lassen zu Ehren der Märtyrer von Sebaste, wo ihr Sohn Petrus Bischof war. Dort wurde Emelia (und später auch ihre geliebte Tochter) beigesetzt. „Während ihres Lebens hatten die Eltern einmütig zu Gott gebetet, daß ihre Leiber nach dem Tod miteinander vereinigt und ihre Lebensgemeinschaft auf Erden auch im Tod nicht getrennt werden solle."
Und so geschah es um das Jahr 379.

ANTHUSA

Johannes Chrysostomus

(um 350–407)

Der Bischof von Konstantinopel, Kirchenlehrer, war der angesehenste Prediger der morgenländischen Kirche. Daher bekam er den Beinamen Chrysostomus (Goldmund).

Anthusa, die Mutter des Johannes Chrysostomus, stammte aus Griechenland, der Vater Sekundus hatte eine hohe Stellung im syrischen Heer inne (magister militum).

Das erste Kind ihrer Ehe war ein Mädchen, das sehr früh starb. Um 347 kam Johannes zur Welt. Bald darauf starb der Vater und hinterließ eine zwanzigjährige Mutter mit einem Säugling.

In einer Schrift über das Priestertum läßt Johannes seine Mutter zu Wort kommen:

„Nicht lange, mein Kind, war es mir nach dem Willen Gottes vergönnt, mich deines trefflichen Vaters zu freuen. Auf die Geburtswehen, die ich um dich erduldet habe, folgte bald sein Tod, der dich zum Waisen und mich zur Witwe gemacht hat. Das hat mir die Leiden des Witwenstandes beschert, für die nur jene ein richtiges Verständnis haben können, welche sie selbst ertragen mußten. Keine Worte vermögen zu schildern, was eine junge Frau durchmacht, die eben erst aus dem väterlichen Haus getreten und unerfahren ist in den Geschäften der Welt. Plötzlich ist sie von unsagbarem Schmerz betroffen, von Sorgen umringt, die für ihr Alter und ihr Geschlecht viel zu schwer sind. Sie muß sich bekanntlich gegen Nachlässigkeiten von seiten der Dienstboten wenden, ihren Bosheiten entgegentreten, hinterlistige Ränke von Verwandten vereiteln, die Bedrückungen und die Härte der Steuereinnehmer beim Bezahlen der Abgaben ruhigen Mutes auf sich nehmen …

Doch keine dieser Schwierigkeiten hat mich dazu verleitet, eine zweite Ehe einzugehen und einen neuen Gatten in das Haus deines Vaters einzuführen.

In erster Linie wurde mir Hilfe durch die Vorsehung von oben zuteil. Es war mir aber auch in meiner traurigen Lage ein nicht geringer Trost, daß ich beständig in dein Antlitz schauen konnte und mir in dir das lebendige und getreue Abbild des verstorbenen Gatten heranzog. Du hast mir als kleines Kind, in einem Alter, in welchem die Sprößlinge den Eltern am meisten Freude machen, viel Trost gewährt."

Die Mutter sorgte sich um eine gute Ausbildung des Sohnes. Es sollte die beste sein, die in Antiochia zu finden war.

„Ein Sohn erfüllt tagtäglich mit tausenderlei Ängsten und großer Besorgnis, ohne zu denken an die Ausgaben an Geld, die eine Mutter nicht scheuen darf, wenn sie ihr Kind zu einem gebildeten Mann erziehen will. … Ich habe es in keiner Beziehung an dem fehlen lassen, was zu deiner gediegenen Erziehung aufzuwenden nötig war. Mit meinem eigenen Vermögen und mit dem, was ich aus dem Elternhaus mitgebracht hatte, bestritt ich alle diese Ausgaben."

Johannes lernte Basilius kennen, der ihm von

seiner kleinen Gemeinschaft am Schwarzen Meer erzählte. Er fühlte sich von den Berichten so angezogen, daß er selbst dort leben wollte.
„Und der Plan war bereits der Ausführung nahe. Allein die fortwährenden Zusprüche meiner Mutter hinderten mich, Basilius diesen Gefallen zu erweisen, oder besser: dieses Geschenk aus seiner Hand anzunehmen. Denn als die Mutter mein Vorhaben bemerkte, ergriff sie mich bei der Rechten und führte mich in das ihr vorbehaltene Gemach. Nachdem sie Platz genommen hatte neben dem Lager, vergoß sie Ströme von Tränen und fügte Worte hinzu, die noch innigeres Mitleid erregten als die Tränen:
‚Nur um einen einzigen Gefallen bitte ich dich: Laß mich nicht zum zweiten Mal zur Witwe werden. Wecke den eingeschlafenen Schmerz (über den Tod des Mannes) nicht von neuem wieder auf, sondern warte auf mein Ende.
Hast du mich dann der Erde übergeben und meine Gebeine mit denen deines Vaters vereint, so kannst du weite Reisen unternehmen und ganz nach Herzenslust das Meer befahren: Niemand wird dich daran hindern.
Denn magst du auch sagen, daß Tausende dich gerne liebevoll aufnehmen würden, so kann es doch überhaupt niemand geben, dem dein Wohlbefinden ebensosehr am Herzen liegt wie mir!‘“
Johannes blieb bei seiner Mutter bis zu ihrem Tod. Erst danach zog er sich in die Einsamkeit der Berge von Antiochia zurück.

„Welch wunderbare Frauen es doch bei den Christen gibt!“ (Libanius, der berühmte nichtchristliche Lehrer des Johannes über dessen Mutter)

SILVIA

Gregor der Große

(um 540–604)

Papst, Kirchenlehrer, Mönch und Schriftsteller

Gregor ist der erste, der in seinen Briefen den Papst als „Diener der Diener Gottes" bezeichnet.

Silvia, die Mutter Gregors des Großen, stammte aus einer angesehenen römischen Adelsfamilie. Standesgemäß heiratete sie einen römischen Beamten namens Gordian, der auch als Heiliger verehrt wird, ebenso wie seine Schwester Tarsilla.

Nach dem Tod des Gatten (um 573) verbrachte die Mutter ihren Lebensabend im nahegelegenen Sabaskloster. Ihr Sohn Gregor hatte den elterlichen Palast zu einem Männerkloster umbauen lassen und war dort Mönch geworden. Die Mutter, die um sein chronisches Magenleiden wußte, hörte nie auf, sich um seine Gesundheit zu sorgen. Um zu verhindern, daß sich seine Krankheit durch das entbehrungsreiche Klosterleben noch verschlimmere, ließ sie dem Sohn täglich auf einer silbernen Schale ein Gemüsegericht bringen. Als Gregor eines Tages nichts mehr hatte, was er den Armen schenken konnte, überließ sie ihm auch die Schale.

Die Mutter konnte miterleben, daß ihr Sohn zum Papst gewählt wurde (3.9.590). Sie starb zwei Jahre später, am 3. November 592.

ALETH

Bernhard von Clairvaux

(um 1090–1153)

Abt, Kirchenlehrer, Reformator des Zisterzienserordens

Von Bernhards Mutter haben wir wenige gesicherte Angaben, nur einige Zeilen in den ersten (legendenhaften) Lebensbeschreibungen des heiligen Bernhard sprechen von ihr. Bernhard selbst hat in seinen Schriften nie von seiner Mutter gesprochen.
Aleth, der Name ist abgeleitet von *Adelheid*, kam um 1070 als Kind einer adligen Familie zur Welt. Ihr Vater Bernhard, aus der Dynastie der Kapetinger, war Graf von Montbard in der Nähe von Bar-sur-Seine in der Champagne.
Aleth heiratete 15jährig den Ritter Tezelin aus der Familie der Grafen von Runcy. Sie bekamen sieben Kinder, sechs Jungen und ein Mädchen: Guido, Gerhard, Bernhard, Humbeline, Andreas, Bartholomäus und Nivard. Bernhard, das dritte Kind, wurde im Jahr 1090 auf Schloß Fontaines bei Dijon geboren. Eine Legende erzählt: Als Aleth mit Bernhard schwanger war, habe sie von einem Hund geträumt und einen frommen Mann gebeten, ihr den Traum zu deuten. Das Kind, sagte er, werde zum Verteidiger der Kirche: „Ein hervorragender Prediger wird er sein und wie ein guter Hund, mit heilkräftiger Zunge begabt, vieler Menschen kranke Seelen gesund machen."

Alle Brüder haben zunächst eine militärische Laufbahn eingeschlagen, nur Bernhard wurde Geistlichen zur Erziehung anvertraut; man wollte ihn für eine kirchliche Laufbahn vorbereiten.
Als die Mutter am 1. September 1106 (oder 1107) starb, war Bernhard 16 Jahre alt. Nun begann für ihn eine lange Zeit des Suchens, bis er in Citeaux die Erfüllung seiner inneren Sehnsucht fand, in dem Kloster, „dessen Pforte die schmälste und dessen Mauern die stärksten waren, dessen Tisch der ärmste und dessen Geißel die härteste, dessen Schweigen das tiefste und dessen Einsamkeit die verlorenste, wo die Welt keinen Zutritt und die Schwachheit keinen Raum fand".

„Der Vorgesetzte muß mehr eine Mutter sein als ein Meister; sein ganzes Streben soll dahin gehen, daß man ihn mehr liebe als fürchte." (Bernhard von Clairvaux)

Hier wollte Bernhard Gott folgen. Aber nicht allein. Er wünschte sich, daß auch seine Brüder mit ihm diesen Weg gingen. Und alle taten es. Nicht nur sie: Im Frühjahr des Jahres 1113 waren es etwa dreißig Männer, Verwandte, Bekannte und Freunde, die ganze geistliche Elite des burgundischen Adels, die dem 22jährigen Bernhard folgten. Einige Jahre später kamen auch der greise Vater und der jüngste Sohn nach. Ein einmaliges Ereignis in der Geschichte! Damit war das Ende des Adelsgeschlechtes besiegelt. Heute zeugen die weiß-roten Rauten in den Wappen der Zisterzienserklöster vom Familienwappen der Ritter von Fontaines.

Bernhards Mutter Aleth hat während ihrer Schwangerschaft einen Traum und läßt ihn von einem Ordensmann deuten.
(Kupferstich nach Antonio Tempesta, 1587)

DOMINA PICA

Franziskus

(um 1181 – 1226)

Von Franziskus sagt man, er sei der Heilige, der Christus am ähnlichsten war.

Über Domina Pica, die Mutter von Franziskus, haben wir keine historisch gesicherten Angaben. Man nimmt an, Pica stamme aus adligem Hause und sei in der Provence geboren. Dort soll sie ihren Mann, Bernadone, einen reichen Tuchhändler, kennengelernt haben. Wahrscheinlich hatten sie zwei Kinder, Franziskus und einen weiteren Sohn, von dem man nichts Näheres weiß.

„Je weniger die alten Autoren über diese edelgeborene Dame zu sagen wissen, desto inniger möchte man wünschen, ein Bildnis ihrer Person zu haben und anzuschauen, welche man sich nicht anders als liebevoll, sanft und heiter vorzustellen vermag, von der Art der Provenzalen, welche ebenso inbrünstig zu beten als lieblich zu singen und zu dichten verstanden. Und wenn man ihres Sohnes Leben und Weise betrachtet, verläßt einen der Gedanke nicht, es müßte dieser Mann eine überaus gütige Mutter gehabt haben."
(Hermann Hesse)

Als Franziskus 1182 in Assisi auf die Welt kam, weilte der Vater für seine Geschäfte in

Frankreich. Die Mutter ließ ihn auf den Namen Johannes taufen. Doch sobald der Vater zurückgekehrt war, nannte er ihn Franziskus, „kleiner Franzose".

In den Lebensbeschreibungen und Legenden des Franziskus kommt die Mutter Pica nur zweimal vor. Aus seiner Jugendzeit berichtet die Legende:

„Blieb Franziskus in Abwesenheit seines Vaters im Haus, so belegte er den Tisch mit Broten, auch wenn er mit der Mutter allein speiste, als ob er für die ganze Familie den Tisch decke. Als ihn eines Tages die Mutter fragte, warum er so viele Brote auf den Tisch lege, erwiderte er, er wolle es als Almosen für die Armen bereiten; hatte er sich doch vorgenommen, jedem, der ihn um Gottes willen bitte, ein Almosen zu geben. Die Mutter ließ ihn in solchen Dingen gewähren, weil sie ihn ganz besonders liebte."

„Franziskus schien das Herz einer Mutter zu haben." (Bonaventura)

Nachdem Franziskus, der reiche Kaufmannssohn, auf seinen ganzen Besitz verzichtet hatte, um Christus zu folgen, versuchte der Vater ihn mit allen Mitteln von einem solchen Leben abzubringen. Als er ihn nicht mit Worten überzeugen konnte, sperrte er ihn zu Hause in einem finsteren Verließ ein.

„Als sein Vater in einer dringenden Familienangelegenheit für kurze Zeit außer Haus war und der Mann Gottes gefesselt im Hause eingesperrt blieb, redete seine Mutter, die mit ihm allein daheim geblieben war und das Vorgehen ihres

Mannes nicht billigte, mit zärtlichen Worten ihrem Sohne zu. Da sie aber sah, daß sie ihn von seinem Vorhaben nicht abbringen könne, ließ sich ihr Mutterherz über ihn erweichen; sie löste die Fesseln und ließ ihn frei davongehen. ... Inzwischen kehrte der Vater zurück, und da er ihn nicht fand, wandte er sich mit Vorwürfen an seine Frau und häufte so Sünde auf Sünde."

ORTULANA

Über Ortulana, die Mutter der heiligen Klara von Assisi, wissen wir sehr wenig. Sie heiratete einen Ritter, Favarone.

Klara von Assisi

(1194–1253)

Die treueste Gefährtin des Franziskus

Als sie mit Klara schwanger ging, soll die werdende Mutter eine Stimme vernommen haben: „Frau, zage nicht, du wirst ohne Gefahr ein Licht zur Welt bringen, das die Erde heller leuchten lassen wird." Daher gab die Mutter der 1193/1194 geborenen Tochter den Namen Klara, die „Helle".

In der Heiligsprechungsbulle der treuen Gefährtin des heiligen Franziskus, die den Orden der Klarissen gründete, heißt es:

„Auch ihre Mutter, Ortulana mit Namen, eifrig bedacht auf fromme Werke, folgte (nach dem Tod des Vaters) ihrer Tochter und trat demütig in diesen Orden ein (um 1226). Dort beschloß schließlich diese beste ‚Gärtnerin' (die Übersetzung ihres Namens Ortulana), die im Garten des Herrn eine so herrliche Pflanze hervorgebracht hatte, glücklich ihre Tage" (wahrscheinlich vor 1238).

Gertrud

Elisabeth

(1207–1231)

Die Landgräfin von Thüringen und Mutter von drei Kindern starb 1231 in der Kutte des heiligen Franziskus.

Durch die Lebensbeschreibung eines unbekannten Dichters vom Anfang des 14. Jahrhunderts kennen wir einige Begebenheiten aus dem Leben der Mutter Elisabeths, der Landgräfin von Thüringen. Gertrud war die Gemahlin des Königs Andreas II. von Ungarn, der von 1205 bis 1235 regierte.
Da dem König „alle irdischen Geschäfte wie Narrenwerk erschienen, mußte die Königin mit fraulicher Klugheit die Mühe der Regierungsgeschäfte auf sich nehmen. Aber sie brachte es zuwege, dem Reiche den Frieden zu bewahren".

Aus politischen Gründen wurde Elisabeth 1211 schon als Vierjährige mit dem jungen Landgrafen Hermann von Thüringen verlobt.
„Es war eine ansehnliche Schar von Rittern und Damen an den königlichen Hof gekommen. Sie sollten sich überzeugen, ob der edle König Andreas von Ungarn und seine ehrwürdige Gemahlin gewillt seien, Gott die Ehre zu erweisen und ihr Töchterlein dem Sohne des Landgrafen von Thüringen zur künftigen Gemahlin anzugeloben. Sollte Andreas dem zustimmen, so dürfe er gewiß sein, daß Fürst Hermann künftig stets auf seiner Seite stehe. ... Als der König und

seine Gemahlin von ihrer Ankunft erfuhren, empfingen sie die Gäste ehrenvoll. Feinste Speisen wurden ihnen vorgesetzt."
Man kam überein, der Verlobung der kleinen Elisabeth mit dem jungen Landgrafen zuzustimmen. So wurde sie im Alter von vier Jahren auf die Wartburg gebracht.
„Gertrud zögerte nicht und bereitete alles vor, um ihre zarte Tochter für die weite Fahrt auszustatten. Sie ordnete in mütterlicher Sorge an, für Elisabeth den schönsten Zuber aus reinem Silber anzufertigen, um sie darin zu baden. Die Königin ließ für ihre Tochter aber auch Kästen und Laden aus Elfenbein bereiten, die die Kämmerer mit Edelstein füllten und mit den herrlichsten Geschenken, die man bei uns je gesehen hat, und mit vollgewichtigem Gold und Silber.
Als die Königin sah, daß sie zum Aufbruch bereit waren, sprach sie liebenswürdig zu ihnen: ‚Hört mich an, treue Freunde, ich habe Euch etwas aufzutragen. Entbietet dem edlen Fürsten Hermann meinen aufrichtigen Gruß und sagt ihm, er möge unbesorgt sein, denn ich werde den Besitz unserer Tochter allezeit mehren, so gut ich es vermag. Wenn mir nur zu leben vergönnt ist, werde ich ihr noch oft königliche Geschenke machen, damit ihr Besitz sich vergrößere.'
So froh man bislang gewesen war, jetzt, da die kleine Elisabeth fortreisen sollte, gab es keinen, der nicht von Schmerz erfüllt worden wäre. Die

Der Wahlspruch der heiligen Elisabeth: „Ich habe es euch immer gesagt: Wir müssen die Menschen fröhlicher machen."

Königin schaute tief betrübt drein und segnete das Kind und seine Begleiter ein um das andere Mal. …
Ehe sie sich auf den Weg begaben, sprachen sie zu dem Herrscherpaar: ‚Gott lohne Euch alles, was Ihr uns erwiesen habt, mächtiger König und erhabene Königin.‘
Als zwei Jahre vergangen waren, wurde die schöne Herrscherin Ungarns, die Königin Gertrud, von treulosen Untertanen ermordet.“

Gertruds Machtgier und ihre Bevorzugung von Verwandten führten zu wachsender Verbitterung unter dem Volk und beschworen schließlich eine Revolte herauf, in deren Verlauf Gertrud ermordet wurde (1213). Elisabeth war damals sechs Jahre alt.

Monna Lapa

Die Mutter der Caterina von Siena, Monna (Abkürzung für „Frau“) Lapa (Jacopa), eine Tochter des Dichters Puccio Piagenti, wurde in Siena geboren. Aus ihrer Ehe mit Jacopo Benincasa (gest. 1368) gingen 25 Kinder hervor. Caterina wurde um 1347 als 24. Kind dieser Wollfärberfamilie geboren. Ihre Zwillingsschwester Johanna starb bei der Geburt.

Von der Mutter besonders geliebt, war Caterina das einzige Kind, das die Mutter bis zur Entwöhnung selbst stillte. Für die religiösen Interessen ihres Kindes konnte die Mutter kein Verständnis aufbringen. Sie wollte die Zwölfjährige verheiraten und drängte sie zu entsprechender Schönheitspflege. Mit allen Mitteln versuchte sie, Caterina von ihrem strengen Lebenswandel abzubringen. Damit diese sich nicht auf den Boden legte, befahl sie dem Kind, bei ihr zu schlafen. Caterina fügte sich gehorsam - und schob unbemerkt ein Brett unters Bettuch. Um sie auf „normale Gedanken“ zu bringen, nahm die Mutter sie mit in ein Schwefelbad in der Nähe von Siena ... Doch alle mütterlichen Versuche, die Tochter zu verheiraten, scheiterten. Als Siebenjährige hatte sie Gott versprochen, jungfräu-

Caterina von Siena

(um 1347–1380)

Kirchenlehrerin, einflußreiche Beraterin von weltlichen und kirchlichen Persönlichkeiten. Durch ihr politisches Talent konnte Caterina viele Streitigkeiten und Feindschaften beilegen, zum Beispiel zwischen zerstrittenen Städten in der Toskana. Sie betrieb die Rückkehr des Papstes aus Avignon nach Rom.

lich zu bleiben. Und von diesem Vorsatz ließ sie sich nicht abbringen.
1363 schließlich gab die Mutter der 17jährigen die Erlaubnis, bei den „Mantellaten“, dem Dritten Orden des Dominikus, einzutreten.
Nach dem Tod ihres Mannes (1368) lebte Monna Lapa einige Zeit bei ihren Söhnen Bartolomeo und Stefano in Florenz. Dann folgte sie ihrer Tochter und wurde bei den Bußschwestern des heiligen Dominikus aufgenommen.

Von den 381 Briefen Caterinas, die uns erhalten blieben, sind drei an ihre Mutter gerichtet. Darin gibt Caterina - in ihrer Sprache - der Mutter Ratschläge für ein christliches Leben:

Um 1370 schrieb sie von einer Reise in die weitere Umgebung Sienas:
„Ich wünsche, Euch als wahre Dienerin des Gekreuzigten in echter Geduld gegründet zu sehen; denn ohne Geduld vermögen wir Gott nicht zu gefallen. ... Legt die empfindliche Selbstliebe ab, denn es ist Zeit, Euch der Ehre Gottes und dem Dienst an den Nächsten hinzugeben.“

Im gleichen Jahr schrieb Caterina der Mutter:
„Ich wünsche, Euch mit wahrer Erkenntnis Eurer selbst und der in Euch wohnenden Güte Gottes erfüllt zu sehen. Denn ohne diese wahre Erkenntnis könnt Ihr nicht teilhaben am Leben der Gnade. Darum sollt Ihr mit aufrichtigem und heiligem Bemühen darauf bedacht sein, Eu-

er Nichtsein zu erkennen, Euer Sein als aus Gott stammend anzuerkennen, wie auch all die vielen Gaben und Gnaden, die Ihr von ihm empfangen habt und täglich von ihm empfangt. Auf diese Weise werdet Ihr Euch dankbar und erkenntlich zeigen. Ihr werdet zu wahrer und heiliger Geduld gelangen und die kleinen Angelegenheiten nicht mehr für große nehmen; vielmehr werden durch Christus den Gekreuzigten für Euch die großen Übel wie Kleinigkeiten zu ertragen sein."

Im Oktober/November 1376 schrieb Caterina aus Genua an ihre Mutter, die nun dem Dritten Orden des Dominikus angehörte:
„Mit innigem Verlangen wünschte ich, Euch als wahre Mutter nicht nur des Leibes, sondern auch meiner Seele zu wissen. Betrachtet mich so - die Ihr doch mehr Liebhaberin der Seele als des Körpers seid -, daß in Euch jede ungeordnete Anhänglichkeit ersterbe und Euch der Verlust meiner leiblichen Gegenwart weniger schwer falle; er gereiche Euch eher zum Trost. ... Ich will, daß Ihr von der liebsten Mutter Maria lernt."

Die Mutter wurde fast 90 Jahre alt. Sie überlebte ihre Tochter Caterina um mehrere Jahre. 1384 konnte sie noch der feierlichen Übertragung des Hauptes ihrer Tochter von Rom, wo diese 33jährig am 29. April 1380 gestorben war, nach Siena beiwohnen.

BARBARA DÜRER

Albrecht Dürer

(1471–1528)

Der größte deutsche Maler an der Wende vom Mittelalter zur Renaissance

„Ihr gute Werk und Barmherzigkeit, die sie gegen jedermann erzeigt hat, kann ich nit genugsam anzeigen und ihr gut Lob. Diese meine frumme Mutter hat 18 Kinder tragen und erzogen, hat oft die Pestilenz gehabt, viel andrer schwerer merklicher Krankheit, hat große Armut gelitten, Verspottung, Verachtung, höhnische Wort, Schrecken und große Widerwärtigkeit, noch ist sie nie rochselig gewest."

Zwei Jahre nach dem Tode des Vaters nahm Albrecht Dürer seine Mutter zu sich. Sie lebte neun Jahre bei ihrem Sohn, bis sie 63jährig am 17. Mai 1514 starb.
„Sie hat mir och vor ihren Segen geben und den göttlichen Fried gewünscht mit viel schöner Lehr, auf daß ich mich vor Sünden sollt hüten. Sie focht den Tod hart, aber sie sagte, für Gott zu kummen fürchtet sie sich nit."

Albrecht Dürer, Die Mutter des Künstlers
(Kreidezeichnung, 1514)

MARGARETE LUTHER

Martin Luther

(1483 – 1546)

Der große deutsche Reformator schuf mit seiner Bibelübersetzung eines der wichtigsten Denkmäler der deutschen Sprach- und Literaturgeschichte.

„Meine Eltern waren zuerst arme Leute. Mein Vater (Hans Luder, gest. 1530) ist ein armer Hauer (Bergmann) gewesen. Die Mutter (Margarete, geborene Lindemann, gest. 1531) hat all ihr Holz auf dem Rücken eingetragen, damit sie uns erzogen hat. Haben harte Arbeit ausgestanden, dergleichen die Welt jetzt nicht mehr ertrüge."

Martin wuchs in einem strengen Elternhaus mit acht Geschwistern auf.
„Meine Eltern haben mich in strengster Ordnung gehalten, bis zur Verschüchterung. Meine Mutter stäupte mich um einer einzigen Nuß willen, bis Blut floß. Durch diese harte Zucht trieben sie mich schließlich ins Kloster. Obwohl sie es herzlich gut meinten, wurde ich dadurch nur verschüchtert. Sie vermochten das rechte Verhältnis zwischen natürlicher Anlage und der Bestrafung nicht einzuhalten."

Im Februar 1530 erfuhr Martin Luther - er war damals 46 Jahre alt -, daß seine Eltern krank und gebrechlich seien. Er schrieb ihnen:

„Große Freude sollt mirs sein, wo es möglich

Margarete Luther
(Gemälde von Lucas Cranach, 1527)

wär, daß Ihr Euch ließet samt der Mutter hierherführen zu uns, welchs mein Käth mit Treue auch begehrt, und wir alle. Ich hoffet, wir wolleten Euer aufs Best warten. Darauf hab ich Cyriacus zu Euch abgefertigt, zu besehen, ob es Euer Schwachheit halben möglich wär. Denn es geschieht mit Euch nach göttlichen Willen zu diesem oder jenem Leben, so wollt ich ja herzlich gern (wie auch wohl billig), leiblich um Euch sein, und nach dem vierten Gebot mit kindlicher Treu und Dienst mich gegen Gott und Euch dankbar erzeigen."

„Gewiß sind Vater und Mutter der Kinder Apostel, Bischof, Pfarrer, indem sie ihnen das Evangelium kundt machen." (Martin Luther)

Am 20. Mai 1531 schrieb Martin Luther an seine sterbenskranke Mutter:

Ich habe das Schreiben meines Bruders Jakob von Eurer Krankheit empfangen, und ist mir ja herzlich leid, sonderlich daß ich nicht kann leiblich bei Euch sein, wie ich wohl gerne wäre; aber doch erscheine ich hier mit diesem Schreiben leiblich und will ja nicht von Euch sein geistlich, samt allen den Unsern. ...
Solche Krankheit soll Euch nicht betrüben noch bekümmern, sondern sollet sie mit Dank annehmen als von seiner Gnade zugeschickt, angesehen, wie gar ein geringes Leiden es ist - wenn es gleich zum Tode oder Sterben führen sollte - gegen das Leiden seines eigenen lieben Sohns, unsers Herrn Jesu Christi, welches er nicht für sich selbst (wie wir) hat leiden müssen, sondern für uns und unsere Sünde erlitten hat. ...

Seid dankbar, daß Euch Gott zu solcher Erkenntnis gebracht hat und nicht hat lassen stekken in dem ... Irrtum, da man uns gelehrt hat, ... unsern Heiland nicht für einen Tröster, sondern für einen grausamen Richter und Tyrannen halten. ... Aber nun wissen wir's anders von der grundlosen Güte und Barmherzigkeit unsers himmlischen Vaters. ... Der Vater und Gott allen Trostes (vgl. Röm 15,1) verleihe Euch durch sein heiliges Wort und Geist einen festen, fröhlichen und dankbaren Glauben, damit Ihr diese und alle Not möget seliglich überwinden und endlich schmecken und erfahren, daß es die Wahrheit sei, da er selbst spricht: ‚Seid getrost, ich hab die Welt überwunden.' Und ich befehle hiermit Euren Leib und Seele in seine Barmherzigkeit, Amen. Es bitten für Euch alle Eure Kinder und meine Käthe. Etliche weinen, etliche essen und sagen: ‚Die Großmutter ist sehr krank.' Gottes Gnade sei mit uns allen, Amen.

Euer lieber Sohn Mart. Luther

BEATRIZ DE AHUMADA

Teresa von Avila

(1515–1582)

Kirchenlehrerin, führte den Orden der Karmelitinnen zur ursprünglichen Strenge zurück. Der teresianische Karmel ist heute der größte Frauenorden der Welt.

Die Mutter der Teresa von Avila, Doña Beatriz Davila de Ahumada, stammte aus dem Stadtadel von Avila. Geboren wurde sie 1495. Als 14jährige heiratete sie den verwitweten Sohn einer jüdischen Kaufmannsfamilie aus Toledo, Don Alonso Sanchez de Cepeda. Er brachte drei Kinder in die zweite Ehe mit, aus der neun Kinder hervorgingen: Ferdinand, Roderich, Teresa, Lorenz, Anton, Petrus, Hieronymus, Augustin und Johanna.

Die Mutter war eine sehr schöne Frau, doch sie hat, wie Teresa in ihrer Lebensbeschreibung berichtet, keinen besonderen Wert darauf gelegt, gut auszusehen, sondern trug immer einfache Kleider. „Von dem Guten, das ich an ihr sah, habe ich nicht viel, ja fast gar nichts angenommen. ... Ich begann aufwendige Kleider zu tragen und durch mein Äußeres Gefallen zu erwecken, wobei ich viel Sorgfalt auf die Pflege meiner Hände und Frisur, für Parfum und andere Nichtigkeiten aufwendete."

Doña Ahumada war eine fähige Frau mit einem scharfen Verstand und zugleich mit einem sanften Charakter.

„Meine Mutter las gerne Rittergeschichten, ohne daß sie dadurch ihre Arbeit vernachlässigte. Wir Kinder dagegen wollten mit unseren Arbeiten möglichst schnell fertig werden, um auch in solchen Büchern lesen zu dürfen."

„Ich kann mich über meine Eltern nicht beklagen, denn ich sah nur Gutes an ihnen, ihre Sorge um mein Heil." Die Mutter brachte ihren Kindern auch das Beten bei. Sie lernten von ihr, Maria und die Heiligen zu ehren. „Die Sorgfalt unserer Mutter, mit der sie uns zum Beten anhielt, war mir, wie ich meine, im Alter von sechs oder sieben Jahren die erste Anregung zum Guten."

Der Tod der 33jährigen Mutter (1528) bedeutete einen tiefen Einschnitt im Leben Teresas. „Ich erinnere mich an folgendes: Ich war nicht ganz 14 Jahre alt, als meine Mutter starb. Kaum hatte ich erkannt, was ich an ihr verloren hatte, ging ich in meiner Betrübnis zu einem Marienbildnis. Unter vielen Tränen bat ich die Muttergottes, sie möge von nun an meine Mutter sein. Ich tat dies zwar in kindlicher Einfalt, aber ich glaube, daß es mir genützt hat."

Nach dem Tod der Mutter schickte der Vater Teresa in das Internat der Augustinerinnen, wo in ihr der Gedanke an ein Klosterleben reifte. Als Reformatorin der Karmelitinnen wurde sie von ihren Schwestern oft einfach die „Madre" genannt.

„Wenn ich auf unsere heutige Zeit blikke, finde ich es überhaupt nicht gerecht, daß tugendhafte, starke Menschen mißachtet werden, nur weil sie Frauen sind."
(Teresa von Avila)

Catalina Alvarez

Johannes vom Kreuz

(1542–1591)

Kirchenlehrer, mit Teresa von Avila Reformator des Ordens der Karmeliten, Mystiker und Schriftsteller

Catalina Alvarez, die Mutter des großen Mystikers Johannes vom Kreuz, wuchs als Waisenkind in Toledo auf. Sie kam nach Fontiveros (im Bistum Avila gelegen), um im Haus einer reichen Witwe aus Toledo zu arbeiten. Schließlich fand sie eine Arbeit als Seidenweberin.
Als sie 1529 Gonzalo de Yepes heiratete, heute würde man vielleicht sagen, den Geschäftsführer oder Prokuristen eines florierenden Seidenhandels, wurde der Mann aus seiner adligen Familie ausgestoßen. Die Verwandten akzeptierten die Braut nicht, sie meinten, die Unterschiede des gesellschaftlichen Standes seien zu groß. Da Gonzalo enterbt wurde, blieb ihm nichts anderes übrig, als sich - wie seine Frau - als Seidenweber sein Geld zu verdienen.

Die Eltern bekamen drei Kinder: Francisco, Luis und Juan.
Francisco, zwölf Jahre älter als Juan, wurde Vater von acht Kindern, von denen sieben sehr früh starben. Er verdiente sich seinen Unterhalt als Weber und manchmal auch als Maurer.
Luis, der Mittlere, starb kurz nach dem Tod des Vaters.
Juan, der Benjamin der Familie, ging in die Ge-

schichte ein als Reformator der Karmeliten, als Schriftsteller und als „Lehrer des nada, des Nichts“.

Da der Vater krank wurde, gab Catalina ihre Tätigkeit auf, um ihren Mann zu pflegen. Als er starb, war Juan kaum drei Jahre alt (1545).

Die Mutter blieb mittellos zurück. Sie war gezwungen, um Brot und Arbeit zu betteln. Als sie selbst bei den Verwandten ihres Mannes abgewiesen wurde, beschloß sie, sich allein durchzukämpfen. Sie arbeitete mit ihrem ältesten Sohn in einer Weberei. Juan, der das nahegelegene Kolleg der Jesuiten besuchte, trug durch kleine Dienste in der Kirche und im Spital zum Unterhalt der Familie bei.

Während einer Grippeepidemie (1580) starb Catalina Alvarez in Medina del Campo, wo die Familie seit 1551 gewohnt hatte. Am Totenbett der Mutter stand ihr ältester Sohn Francisco mit seiner Frau Ana Izquierdo, die sich um die kranke Mutter gekümmert hatten. Juan, Pater Johannes vom Kreuz, war weit weg in Beas.

Teresa von Avila nähte ihm den Habit des ersten „kontemplativen Karmeliten“.
Sie sagte über ihn: „Der Gestalt nach ist er zwar klein, aber in den Augen Gottes ist er meines Erachtens groß … Ein Mann voller Umsicht und Einsicht … Ohne Ausnahme sprechen alle Ordensleute nur Gutes von ihm.“

FRANZISKA VON BOISY

Franz von Sales

(1567–1622)

Bischof, Kirchenlehrer, bedeutender Seelsorger und Prediger

Franziska von Sionnaz, die Mutter des Franz von Sales, wurde 1552 auf Schloß Boisy (Haute-Savoie) als einziges Kind adliger Eltern geboren. Als Achtjährige wurde sie von ihren Eltern einem dreißig Jahre älteren Edelmann jener Gegend, Franz von Sales, versprochen. Im Vertrag über die Heirat wurde ausgehandelt, daß Franziska von Sionnaz als Mitgift das Schloß von Boisy erhalten sollte. Dieses Gut lag etwa zwei Meilen von Schloß Sales entfernt. Außerdem wurde festgelegt, daß die junge Verlobte noch sechs Jahre bei ihren Eltern bleiben solle. Die Hochzeit fand im Frühling 1566 statt.

Am 21. August 1567 brachte die vierzehnjährige Franziska ihr erstes Kind zur Welt, eine Frühgeburt im siebten Monat. Franz war der Erstgeborene von dreizehn Geschwistern, von denen fünf bald nach der Geburt starben. Vom vierjährigen Franz ist das Wort überliefert: „Der liebe Gott und meine Mutter haben mich sehr lieb."

Seine jüngste Schwester Johanna war 26 Jahre jünger als er. Drei Tage nach seiner Priesterweihe wurde sie geboren (1594). Sie war das erste Kind, dem der junge Priester die Taufe spendete.

Nach dem Tod des Vaters (1601 im 78. Lebensjahr) lebte die Mutter auf Schloß Sales. Franz schrieb ihr etwa hundert Briefe, aber nur ein einziger ist erhalten. Er stammt aus dem Jahr 1603:
„Ich schreibe Euch, meine liebste Mutter, da ich gerade das Pferd besteige, um nach Chambéry zu reiten.
Bleibt fröhlich in unserem Herrn, meine gute Mutter, und Ihr mögt wissen, daß es Eurem armen Sohn durch Gottes Erbarmen gut geht und daß er beabsichtigt, Euch sobald und so lange als möglich zu besuchen; denn ich bin ganz der Eure. Ich muß sein, und Ihr wißt, daß ich bin
Euer Sohn Franz, Bischof"

Johanna, die geliebte jüngste Schwester des Franz, starb 1607 in den Armen der Johanna von Chantal, der sie zur Erziehung anvertraut worden war. An diese schrieb er am 2. November 1607:
„Am Sonntagmorgen ließ meine Mutter meinen Bruder Jean-François holen; und da sie ihn, wie auch am Abend zuvor die anderen Brüder, sehr traurig sah, sagte sie ihm: ‚Ich habe in der Nacht geträumt, meine Tochter Johanna sei gestorben. Sag mir, bitte, ist es wahr?' Mein Bruder, der meine Ankunft hatte abwarten wollen, um es ihr mitzuteilen, - ich war gerade auf

einer Reise -, nahm diese günstige Einleitung gern wahr, ihr das Schwere beizubringen, zumal sie sich gerade etwas niedergelegt hatte: ‚Es ist wahr, meine Mutter', sagte er. Nur das; er hatte nicht die Kraft, noch etwas hinzuzufügen.
‚Der Wille Gottes möge geschehen', sprach meine gute Mutter, und reichlich flossen ihre Tränen lange Zeit. Dann rief sie ihre Kammerfrau Nicole. ‚Ich möchte aufstehen, um in der Kapelle für meine arme Tochter zu Gott zu beten', sagte sie. Und das tat sie auch sogleich. Kein einziges Wort des Unwillens; nur Lobpreis Gottes und Ergebung in seinen Willen. Nie sah ich einen stilleren Schmerz: ein großer Tränenstrom aus dem einfachen Leid des Herzens, ohne eine Spur von Auflehnung. Und doch ist es ihr geliebtes Kind! Wie sollte ich eine solche Mutter nicht innig lieben?
Gestern, an Allerheiligen, hörte ich die Beichte der ganzen Familie, und mit dem heiligsten Sakrament stärkte ich das Herz dieser Mutter gegen all ihre Trauer.

„Ich glaube nicht, daß man die große Milde und Güte beschreiben kann, die Gott in seine Seele ausgegossen hat. Sein Gesicht, seine Augen, seine Worte und alle seine Handlungen atmeten Güte und Sanftmut." (Johanna Franziska von Chantal, mit der er 1610 den Orden der Salesianerinnen gründete)

Ich weiß wohl, daß Ihr mich gerne fragen möchtet: Und Ihr, wie habt Ihr Euch verhalten? Ach, meine Tochter, ich bin nichts so sehr wie ein Mensch. Mein Herz war mehr betrübt, als ich jemals gedacht hätte; in Wahrheit haben auch das Leid meiner Mutter und das Eure viel dazu beigetragen, denn ich bangte um Euer Herz und um das meiner Mutter. Doch: Es lebe Jesus! Ich ergreife stets die Partei der göttlichen

Franziska von Boisy, die Mutter des Franz von Sales

Vorsehung: Sie macht alles gut und lenkt alle Dinge zum Besten."

Die Mutter wurde zusehends schwächer. Sie war seit Jahren erblindet und mußte sich führen lassen. Ende Januar 1610 entschloß sie sich, bei ihrem bischöflichen Sohn einige Tage der Einkehr zu verbringen. Sie blieb einen Monat im Bischofshaus. Um den 20. Februar war sie wieder gestärkt und getröstet auf das Schloß zurückgekehrt. Am Abend des Aschermittwochs legte sie sich zu Bett und fühlte, daß sie nicht schlafen konnte. Sie ließ sich von ihrer Kammerfrau aus dem Buch ‚Philothea', das ihr Sohn im Dezember 1608 fertiggestellt hatte, vorlesen. Am 1. März 1610 starb sie.

In seinem Hauptwerk „Philothea", einer Einführung in das religiöse Leben, öffnete Franz von Sales das Streben nach Vollkommenheit für jedermann: für den Handwerker und die Hausfrau wie für den Fürsten am Hof.

Zehn Tage danach schrieb Franz von Sales an Johanna von Chantal:

„Obgleich sie bei meiner Ankunft erblindet und fast schlafend war, liebkoste sie mich doch zärtlich und sagte: ‚Dieser ist mir Sohn und Vater zugleich.' Sie legte ihren Arm um mich und küßte mir vor allem die Hand ... Am 1. März gab sie ihre Seele unserem Herr zurück, ruhig, friedlich und in einer Größe und Schönheit, wie sie diese wohl zuvor nie erreicht hatte. Sie war eine der schönsten Toten, die ich je gesehen habe. Ich muß sagen, daß ich noch die Kraft hatte, ihr den letzten Segen zu erteilen, ihr Augen und Mund zu schließen und ihr den letzten Frie-

denskuß im Augenblick ihres Hinscheidens zu geben.
Dann aber krampfte sich mein Herz zusammen, und ich weinte um diese gute Mutter mehr, als ich je geweint habe, seit ich Priester bin."

Neeltje van Rijn

Rembrandt van Rijn

(1606–1669)

Die Mutter Rembrandts, Neeltje Willemsdochter van Zuydhoeck, eine Bäckerstochter, heiratete 1589 Harmen van Rijn, einen recht wohlhabenden Müller (gest. 1630). Sie bekamen neun Kinder.

Die Mutter leitete Rembrandt zum Lesen der Heiligen Schrift an, so daß er zum „christlichsten unter den protestantischen Malern“ wurde. Rembrandt hat seine Mutter oft mit der Bibel auf den Knien porträtiert oder ihre Gestalt in biblische Szenen eingefügt.

Das Gemälde (Öl auf Holz) stammt aus dem letzten Lebensjahr der Mutter (1639).

Rembrandts Mutter (Ausschnitt)

ANNA REGINA KANT

Immanuel Kant

(1724–1804)

„Kant hat durch sein Werk einen Schritt im Philosophieren getan, der weltgeschichtliche Bedeutung hat. Kant ist ein Träger der Humanität der Aufklärung. Er ist nicht nur der große Kopf, sondern der wahrhaftige Mensch." (Karl Jaspers)

Die aus einer Nürnberger Handwerkerfamilie stammende Anna Regina Reuter heiratete 18jährig am 13. November 1715 den 32jährigen Riemermeister Johann Georg Kant. Immanuel war das vierte von elf Kinder dieser pietistisch geprägten Familie.

Als Erzieher in einer Grafenfamilie hat Kant mit Rührung an die gute Erziehung zurückgedacht, die er in seinem Elternhaus bekommen hatte. Er habe dort nie etwas Unrechtes oder Unsittliches gehört oder gesehen. Die Mutter starb 1738, als Immanuel 14 Jahre alt war.

„Meine Mutter war eine liebreiche, gefühlvolle, fromme, rechtschaffene Frau und eine zärtliche Mutter ... Sie führte mich oft außerhalb der Stadt, machte mich auf die Werke Gottes aufmerksam, ließ sich mit einem frommen Entzükken über seine Macht, Weisheit und Güte aus und drückte in mein Herz eine tiefe Ehrfurcht gegen den Schöpfer aller Dinge. Ich werde meine Mutter nie vergessen, denn sie pflanzte und nährte den ersten Keim des Guten in mir, sie öffnete mein Herz den ersten Eindrücken der Natur; sie weckte und erweiterte meine Begriffe, und ihre Lehren haben einen immerwährenden heilsamen Einfluß auf mein Leben gehabt."

MAGDALENA BEETHOVEN

Ludwig van Beethoven

(1770–1827)

Die verwitwete Frau Maria Magdalena Leyen, Tochter des Trierischen Oberhofkochs Johann Heinrich Keverich aus Ehrenbreitstein, heiratete 1767 den Hofmusiker Johann van Beethoven. Zwischen 1769 und 1786 gebar Frau Magdalena sieben Kinder, von denen drei am Leben blieben: Ludwig (geb. 1770), Kaspar Anton Karl (geb. 1774) und Nikolaus Johann (geb. 1776). Sie soll einmal geäußert haben, „heiraten sei ein wenig Freud, aber nachher eine Kette von Leiden".

Als der 17jährige Ludwig von seinem Vater erfuhr, daß seine Mutter im Sterben lag, hielt er sich bei Mozart in Wien auf (1787). Sofort machte er sich - mit einer Postkutsche nach der anderen - auf den Weg, um die Mutter noch zu sehen. Als er in Augsburg ankam, hatte er kein Geld mehr. Er zog durch die ganze Stadt, bis er schließlich jemand fand, der ihm drei Karolinen lieh. An diese Person (den Rat von Schaden) schrieb er am 15. September 1787:

„Schon 27 Jahre, und noch nichts für die Unsterblichkeit getan." (Stoßseufzer Beethovens)

„Ich muß Ihnen bekennen, daß, seitdem ich von Augsburg hinweg bin, meine Freude und mit ihr meine Gesundheit begann aufzuhören; je näher ich meiner Vaterstadt kam, je mehr Briefe erhielt ich von meinem Vater, geschwinder zu reisen als gewöhnlich, da meine Mutter nicht in günstigen Gesundheitsumständen wäre, ich eilte also, so sehr ich vermochte, da ich doch selbst unpäßlich wurde. Das Verlangen, meine kranke Mutter noch einmal sehen zu können, setzte alle Hindernisse bei mir hinweg und half mir, die größten Beschwernisse überwinden. Ich traf meine Mutter noch an, aber in den elendsten Gesundheitsumständen; sie hatte die Schwindsucht und starb endlich vor sieben Wochen (am 17.7.1787), nach vielen überstandenen Schmerzen und Leiden.

„Ich begreife recht gut, wie Beethoven gegen die Welt wunderlich stehn muß.“ (Goethe an seine Frau)

Sie war mir eine so gute, liebenswürdige Mutter, meine beste Freundin. O! Wer war glücklicher als ich, da ich noch den süßen Namen Mutter aussprechen konnte, und er wurde gehört, und wem kann ich ihn jetzt sagen! Den stummen, ihr ähnlichen Bildern, die mir meine Einbildungskraft zusammensetzt?“

KATHARINA ELISABETH GOETHE

Johann Wolfgang von Goethe

(1749–1832)

Die Mutter Goethes, Katharina Elisabeth Textor (1731–1808), die Tochter des regierenden Bürgermeisters, heiratete in Frankfurt den einundzwanzig Jahre älteren Johann Caspar Goethe (1710–1782).

Der von der Mutter „Hätschelhans" gerufene Goethe hatte ein distanziertes Verhältnis zu seiner Mutter. Nachdem er Frankfurt verlassen hatte, besuchte er sie nur noch selten. Er hat fast nie von ihr gesprochen. Bekannt ist sein Vers:

„Vom Vater hab' ich die Statur,
Des Lebens ernstes Führen,
Vom Mütterchen die Frohnatur
Und Lust zu fabulieren."

Goethes Mutter, nach einer Pastellzeichnung, um 1780

1807 äußerte sich Goethes Mutter in einem Brief über ihren Anteil am Ruhm des Sohnes:
„Da nun ein großer Teil Deines Ruhmes und Rufes auf mich zurück fällt, und die Menschen sich einbilden, ich hätte was zu dem großen Talent beigetragen, so kommen sie denn, mich zu beschauen. Da stelle ich denn mein Licht nicht unter den Scheffel, sondern auf den Leuchter, versichre zwar die Menschen, daß ich zu dem,

„Es ist nichts reizender, als eine Mutter zu sehen mit einem Kinde auf dem Arme; und nichts ehrwürdiger als eine Mutter unter vielen Kindern."
(Goethe)

was Dich zum großen Mann und Dichter gemacht hat, nicht das allermindeste beigetragen hätte. Denn das Lob, das mir nicht gebührt, nehme ich nie an, zudem weiß ich ja gar wohl, wem das Lob und der Dank gebührt.

Denn zu Deiner Bildung im Mutterleib, da alles schon im Keim in Dich gelegt wurde, dazu habe ich wahrlich nichts getan. Vielleicht ein Gramm Hirn mehr oder weniger und du wärest ein ganz gewöhnlicher Mensch geworden. Und wo nichts drinnen ist, da kann nichts rauskommen. Da erziehe Du, das können alle Philanthropine in ganz Europa nicht geben, gute brauchbare Menschen, ja, das lasse ich gelten, hier ist aber die Rede vom Außerordentlichen."

ELISABETH SCHUBERT

Elisabeth Vietz, die schlesische Köchin, Tochter eines Schlossers, heiratete am 17. Januar 1785 Franz Schubert, den Schulmeister zu Lichtenthal, einem Vorort Wiens.
Sie bekamen 14 Kinder, von denen nur vier am Leben blieben. „Ich war ein Bruder vieler Brüder und Schwestern. Unser Vater und unsere Mutter waren gut. Ich war allen mit tiefer Liebe zugetan ..."

Franz Schubert

(1797–1828)

Die Werke des Wiener Komponisten bilden den ersten Höhepunkt romantischer Musik.

Je mehr Schubert komponierte, desto schlechter wurden die Noten in der Schule. Darüber war der Vater und Gemeindelehrer so erbost, daß er seinen 15jährigen Sohn Franz aus dem Hause jagte.
„Ich wanderte in ferne Gegend. Jahre lang fühlte ich den größten Schmerz und die größte Liebe mich zerteilen. Da kam mir Kunde von meiner Mutter Tode (28.5.1812). Ich eilte sie zu sehen, und mein Vater, von Trauer erweicht, hinderte meinen Eintritt nicht. Da sah ich ihre Leiche. Tränen entflossen meinen Augen. Wie die gute alte Vergangenheit, in der wir uns nach der Verstorbenen Meinung auch bewegen sollten, wie sie sich einst, sah ich sie liegen.
Und wir folgten ihrer Leiche in Trauer, und die

Elisabeth Schubert, geb. Vietz

Bahre versank. - Von dieser Zeit an blieb ich wieder zu Hause“ (bis Ende 1817).

Diese Aufzeichnungen Schuberts finden sich in seinem autobiographischen Fragment „Mein Traum“ vom 3. Juli 1822. Einige Musikforscher sind davon überzeugt, daß diese Erzählung die Gundlage und der Schlüssel zur „Unvollendeten Symphonie“ in h-moll ist. Sie trägt das Datum vom 30. Oktober des gleichen Jahres.

MARIA TOLSTOI

Leo Tolstoi

(1828–1910)

Russischer Dichter (Krieg und Frieden, Anna Karénina)

Maria Volkónskij war die einzige Tochter des begüterten Fürsten S. Volkónskij, eine herzensgute und außergewöhnlich gebildete Frau. Sie beherrschte fünf Sprachen und war auch in den Naturwissenschaften bewandert. Aus der Ehe mit ihrem fünf Jahre älteren Mann Nikoláj Iljítsch Tolstoi (gest. 1837) gingen fünf Kinder hervor: vier Jungen und ein Mädchen.
Leo Tolstoi war zwei Jahre alt, als seine Mutter (1790–1830) starb. Zusammen mit seinen Geschwistern wurde er einer entfernten Verwandten anvertraut.
In ihrem Abschiedsbrief schrieb die Mutter an ihren Mann :
„Komm sofort, verlier keine Minute, und bring die Kinder mit. Vielleicht kann ich Dich noch einmal umarmen und sie segnen; das ist mein letzter Wunsch. Ich weiß, welch schrecklicher Schlag diese Nachricht für Dich ist; aber früher oder später, von mir oder anderen würde er Dir doch zugefügt. Laß uns versuchen, dieses Unglück mit Festigkeit und Ergebung in den Willen Gottes zu ertragen. Hoffen wir auf seine Barmherzigkeit. …
Ob meine Liebe zu Dir und den Kindern mit dem Tod endet? Das sind Zweifel, die mich

stets gequält haben; jetzt aber weiß ich bestimmt, daß das unmöglich ist. Ich fühle in diesem Augenblick meine Liebe zu Euch zu deutlich, um glauben zu können, daß das Gefühl, ohne das ich meine Existenz nicht begreife, jemals aufhören könnte. Meine Seele kann ohne die Liebe zu Euch nicht existieren; ich weiß aber, daß sie schon deswegen ewig bestehen wird, weil solch ein Gefühl wie meine Liebe zu Euch nicht entstehen könnte, wenn sie jemals aufhören müßte. Jetzt bin ich fest überzeugt, daß, wenn ich nicht mehr bei Euch bin, meine Liebe doch niemals aufhört und Euch nicht verläßt. Dieser Gedanke ist so tröstlich für mein Herz, daß ich ruhig und ohne Furcht das Nahen des Todes erwarte. Ich bin ruhig; Gott weiß, daß ich den Tod stets als Übergang zu einem besseren Leben betrachtet habe; aber warum drohen Tränen mich zu ersticken? Warum werden die Kinder der geliebten Mutter beraubt? Warum wird Dir ein so schrecklicher, unerwarteter Schlag versetzt? Warum muß ich sterben, obgleich die Liebe mein Leben so unendlich glücklich gemacht hat? Warum? … Sein heiliger Wille geschehe!“

Die Mutter von Leo Tolstoi. Das einzig erhaltene Bildnis mit Tolstois Unterschrift „Meine Mutter“.

In seinem achtzigsten Lebensjahr schrieb Leo Tolstoi in sein Tagebuch (10.1.1908):
„Heute morgen, als ich im Park spazierenging, dachte ich, wie immer, an meine Mutter, an die ‚kleine Mama‘, die ich überhaupt nie gekannt habe, die aber für mich ein unerreichbares Idol

gewesen ist ... Als ich mich unten in der Birkenallee den Haselbüschen näherte und auf dem Weg dahin die Fußstapfen einer Frau entdeckte, dachte ich an sie, sah sie in Gedanken vor mir. Ich war nicht imstande, sie mir als Menschen vorzustellen."

„Als Christ liebe ich alle Menschen, ausgenommen die Tolstojaner." (Leo Tolstoi)

Auf einem Stück Papier, das man erst nach seinem Tod fand, hatte Tolstoi sich notiert:
„Habe mich den ganzen Tag über elend und unglücklich gefühlt. Jetzt, gegen Abend, sehne ich mich nach Zärtlichkeit und Liebkosungen. Ich wünschte, ich wäre wieder ein Kind und könnte den Weg zu meiner Mutter finden, zu der ich niemals ‚Mama' sagen durfte, weil ich noch nicht sprechen konnte, als sie starb. Für mich ist sie mehr als alles andere das Sinnbild reiner Liebe, nicht der kalten himmlischen, sondern der warmen irdischen Liebe ... Komm, Mama, sei lieb zu mir! - Das erscheint wie Wahnsinn, aber es ist wahr."

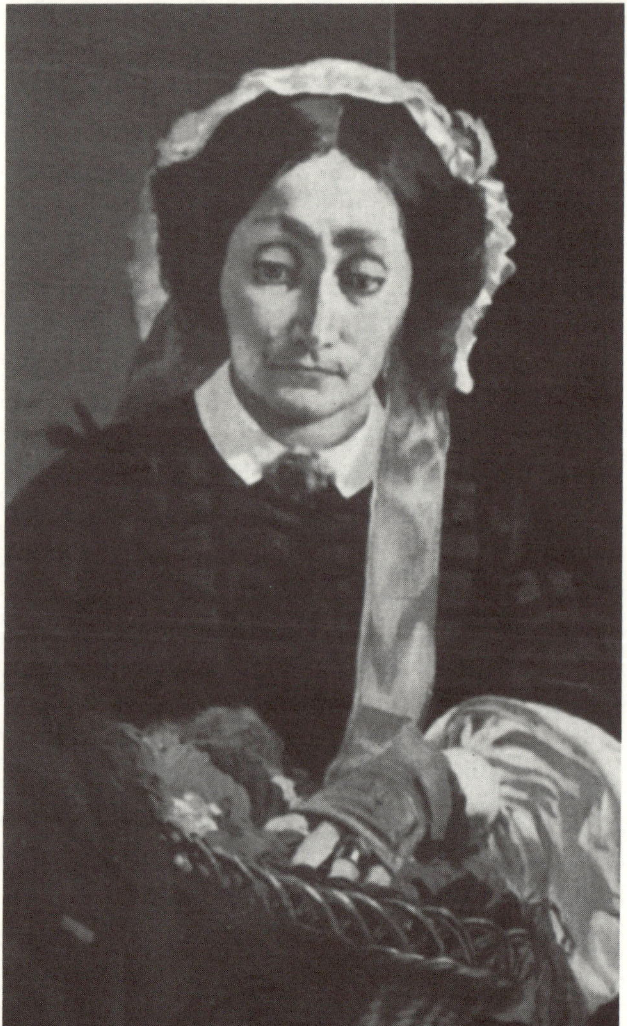

Frau Manet (Ausschnitt), Öl auf Leinwand, 1860

EUGÉNIE-DESIRÉE MANET

Die Mutter des Malers Edouard Manet, die Diplomatentochter Eugénie-Desirée, geborene Fournier (1811–1885), heiratete 1831 den hohen Justizbeamten Auguste Manet (gest. 1862). Edouard ist der älteste von drei Söhnen.

Die Mutter war eine kunst- und musikliebende Frau. Sie förderte gegen den Willen ihres Mannes die musikalische Ausbildung und das malerische Schaffen ihres Sohnes.

Das Porträt seiner Eltern (links im Ausschnitt die Mutter) aus dem Jahr 1860 ist das erste große Bild Manets. Die 49jährige Mutter trägt ein dunkelblaues Hauskleid mit weißem Kragen. Schwarze Mütze und weiße Schleierhaube betonen die häusliche Atmosphäre. In den Händen hält sie einen Nähkorb voll roter Strickwolle. Das Bild, das heute als bedeutendes Kunstwerk angesehen wird, wurde von der zeitgenössischen Kritik als „Elternschändung“ abgelehnt. Die Eltern hätten allen Grund, ihren Sohn zu verachten, so herzlos sei noch nie ein Maler mit seinen Eltern umgegangen.

Edouard Manet

(1832–1883)

Der französische Impressionist, der keiner sein wollte, schuf auch ein Bild von Berthe Morisot.

ANNA MARIA KOLPING

Adolf Kolping

(1813–1856)

Als Adolf Kolping 1856 in Köln starb, trauerten 25.000 Mitglieder in über 400 Vereinen um ihren „Gesellenvater".

„Seitdem meine Mutter gestorben ist, ist mir erst recht klar geworden, was ich ihrer Erziehung und ihrem Gebet zu verdanken habe."

Es war der 4. Juli 1833, als die Mutter Adolf Kolpings, Anna Maria Zurheyden, im Alter von 59 Jahren starb. Ihr widmete Kolping sein erstes Gedicht, von dessen 26 Strophen hier nur einige wiedergegeben werden können. Adolf Kolping, der auf mehreren Gebieten große Talente besaß, versucht sich hier einmal als Dichter. „Es sind die ersten Verse, die ich überhaupt geschrieben habe. Doch ich glaube, daß ich meiner verewigten Mutter dieses, wenn auch mangelhafte, Denkmal kindlicher Liebe schuldig bin."

Am Grabe meiner geliebten Mutter

Gern weil ich an stiller Stunde
An dem Grabeshügel hier;
Klage gern die Herzenswunde
Mutter, liebe Mutter, Dir!

Ach! ich kann Dir nichts mehr sagen,
Was die Liebe in sich faßt,
Kann nicht mehr Dir Leiden klagen,
Nicht des Lebens Müh und Last.

Kann nicht mehr mit frohen Scherzen
Mich an Dich geschmieget sehn;
Fern, entfernt vom Mutterherzen,
Muß ich einsam, traurig stehn.
. . .

Liebe Mutter, bis vollendet
Wir des Lebens Klippenbahn,
Bis wir fromm mit Gott geendet,
Leite Du den Lebenskahn.

Bitte bei des Vaters Throne,
Der uns all mit Güte liebt,
Daß er uns dereinst belohne,
Uns hier Stärkung, Gnade gibt.

Dann umschwebe Du in bangen,
Harten Prüfungsstunden mich
Und, wo Satans Netze hangen,
Ja, von da entferne mich.

„Tue jeder in seinem Kreis das Beste, dann wird's bald auch in der Welt besser aussehen."
(Adolf Kolping)

Therese von Droste-Hülshoff

Annette von Droste-Hülshoff

(1797–1848)

Die bedeutendste deutsche Dichterin des 19. Jahrhunderts

Die Mutter der Annette Droste-Hülshoff, Freifrau Therese Luise, geborene von Haxthausen, war eine selbstbewußte, willensstarke, dominierende Frau. Sie schenkte vier Kindern das Leben. Sorgfältig sammelte sie die ersten Verse ihrer jungen Tochter, deren sich eine schlichte Webersfrau, Maria Katharina Plettendorf, ihre Amme, wie eine zweite Mutter annahm.

Als der Vater Clemens August von Droste-Hülshoff 1826 starb, zog Annette mit ihrer Mutter auf ein kleines Schlößchen nach Rüschhaus. Noch als Vierzigjährige unterschrieb sie ihre Briefe an die Mutter mit „Deine gehorsame Tochter Nette".

Als sie ihre erste Anerkennung als Dichterin erfuhr, schrieb sie der Mutter (1.8.1838):

„Bitte, behalte dies letztere eher alles für Dich, es würde mir wohl als Prahlerei ausgelegt werden und freut mich doch hauptsächlich Deinetwegen; ich möchte so gern, daß Du doch etwas Freude von meinen Schreibereien hättest, meine liebe, liebste Mama."

Die Mutter starb fünf Jahre nach ihrer Tochter (1853).

Therese Luise von Droste-Hülshoff, geb. von Haxthausen

An meine Mutter

So gern hätt ich ein schönes Lied gemacht
Von deiner Lieb, deiner treuen Weise,
Die Gabe, die für andre immer wacht,
Hätt ich so gern geweckt zu deinem Preise.

Doch wie ich auch gesonnen mehr und mehr
Und wie ich auch die Reime mochte stellen,
Des Herzens Fluten wallten drüber her,
Zerstört mir des Liedes zarte Wellen.

So nimm die einfach schlichte Gabe hin,
Von einfach ungeschmücktem Wort getragen,
Und meine ganze Seele nimm darin;
Wo man am meisten fühlt,
weiß man nicht viel zu sagen.

Claudine Elisabeth Morisot

Berthe Morisot

(1841 – 1895)

„Hier wird die Impression durch ein untrügliches Auge wahrgenommen und von einer sicheren Hand getreu wiedergegeben.“ (Der Kunstkritiker Paul Mantz über Berthe Morisot)

Die Mutter der Impressionistin Berthe Morisot, Claudine Elisabeth (gest. 1876), war verheiratet mit einem hohen Staatsbeamten, der oft versetzt wurde, so daß die Familie von einer Provinzhauptstadt in die andere ziehen mußte.
Berthe Morisot ist das dritte von vier Kindern. Die Mutter förderte die künstlerische Begabung des Kindes und ermöglichte ihr, daß sie bei einem Privatlehrer Malunterricht nehmen konnte. Berthe heiratete 1874 Eugène Manet, den Bruder Edouards, der nach Selbstzweifeln der Künstlerin ihr Bild der Mutter überarbeitet hat. Sie berichtet davon:
„Edouard fand die Mutter gut gelungen, mit Ausnahme des unteren Teils der Kleidung. Er nahm die Pinsel und fügte ein paar Akzente hinzu, die recht gut aussahen. Mutter aber geriet in Rage, und mein Mißgeschick begann. Nachdem er angefangen hatte, war kein Halten mehr, er malte an der Büste, am Kopf, schließlich am Hintergrund. Dabei machte er tausend Scherze. Um fünf Uhr nachmittags war schließlich die schönste aller Karikaturen vollendet.“

Berthe Morisot, Mutter der Künstlerin (Ausschnitt)
Öl auf Leinwand, 1870

MARIA VIANNEY

Johannes M. Vianney

(1786–1859)

Der Pfarrer von Ars soll 80.000 Menschen zum Glauben geführt haben.

Maria Beluse, die Mutter des Pfarrers von Ars, heiratete am 2. November 1778 in Ecully, einem winzigen Dorf bei Lyon, Matthieu Vianney. Sie schenkte sechs Kindern das Leben, drei Jungen und drei Mädchen. Die Familie lebte von der Landwirtschaft. Johannes Maria kam als viertes Kind am 8. Mai 1786 in Dardilly bei Lyon zur Welt.
Das spätere Leben des Pfarrers von Ars wurde stark geprägt von der Gastfreundschaft, die er zu Hause erlebt hatte. Die Haustür der Familie Vianney stand für die Armen immer offen. Bei den Mahlzeiten saßen sie mit den Kindern am Tisch, oft fanden sie in einem Winkel auch ein Nachtquartier. Einer dieser Bettler, der 1770 ihr Gast war, sollte später als „heiliger Vagabund Gottes" berühmt werden: Benedikt Josef Labre.

„Die Welt gehört dem, der liebt und den Beweise dafür liefern kann." (Pfarrer von Ars)

Als Pfarrer erinnerte sich Johannes Maria an die Mutter, die am 8. Februar 1811, neun Jahre vor seiner Weihe, starb: „Wenn ich beten gelernt habe, so verdanke ich es nach Gott meiner Mutter. Sie war eine kluge Frau. - Nachdem ich sie verloren hatte, habe ich mich an keinen Menschen mehr gebunden."

MARGHERITA BOSCO

Don Bosco

(1815–1888)

Jugendseelsorger und Pädagoge, Gründer der „Salesianer Don Boscos"

Margherita Occhiena wurde am 1. April 1788 in Capriglio geboren. Sie heiratete am 6. Juni 1812 Francesco Bosco (1784–1817), dessen erste Frau, Margherita Cagliero (geb. 1783), am 28. Februar 1811 gestorben war. Aus dieser Ehe war ein Sohn hervorgegangen: Antonio (geb. 1803). Margherita Bosco brachte zwei Söhne zur Welt: Giuseppe (geb. 1813) und Giovanni (geb. 1815).

In seinen „Erinnerungen" schreibt Don Bosco:
„Meine Eltern waren beide Bauersleute; in Fleiß, Sparsamkeit und Rechtschaffenheit sorgten sie für den Lebensunterhalt der Familie. Ich war noch keine zwei Jahre alt, als eines Mittags der Vater vom Feld nach Hause kam und - von Schweiß durchnäßt - gleich in den kalten Keller ging. Schon am Abend brach ein heftiges Fieber aus, Zeichen einer schweren Lungenentzündung. Es half keine Pflege mehr; in wenigen Tagen lag er im Sterben. In den letzten Stunden empfing er die Sterbesakramente. Er redete meiner Mutter zu, ihr Vertrauen auf Gott zu setzen. Im Alter von 34 Jahren starb er am 12. Mai 1817.
Ich weiß nicht mehr, was ich bei diesem trauri-

gen Ereignis fühlte; ich erinnere mich bloß - und dies ist die erste Begebenheit meines Lebens, die ich im Gedächtnis behalten habe, daß ich im Sterbezimmer bleiben wollte, auch nachdem alle anderen schon hinausgegangen waren. ‚Komm, Johannes, komm!‘ wiederholte meine Mutter voll Schmerz. ‚Wenn Papa nicht mitkommt, gehe ich auch nicht‘, entgegnete ich. ‚Armes Kind‘, antwortete sie, ‚komm, du hast keinen Vater mehr.‘ Sie brach in lautes Weinen aus, nahm mich bei der Hand und zog mich hinaus. Und da sie weinte, weinte ich jetzt auch. In jenem Alter konnte ich nicht begreifen, welches Unglück es ist, den Vater zu verlieren."

Es waren fünf Personen zu ernähren (außer dem zweijährigen Johannes und seiner Mutter die über 70jährige Großmutter, die an verschiedenen Gebrechen litt, und seine zwei Brüder: Antonio, der neunjährige Bruder aus der ersten Ehe des Vaters, und Giuseppe, der damals vier war). „Man kann sich vorstellen, wieviel meine Mutter in jenem schrecklichen Jahr (wegen einer furchtbaren Trockenheit gab es eine Mißernte) gelitten hat und wie sehr sie sich abplagen mußte. Durch unermüdliche Arbeit, strengste Sparsamkeit und durch unvorhergesehene Hilfen, die wir der göttlichen Vorsehung zuschrieben, konnten wir das Hungerjahr überstehen.

Als diese Notzeit vorbei war und sich die wirtschaftliche Lage zu Hause gebessert hatte, wurde meiner Mutter ein Heiratsangebot gemacht; es wäre eine sehr gute Partie gewesen. Man beteuerte ihr, die Kinder würden einem Vormund übergeben, der gut für sie sorgen würde. Doch sie entgegnete: ‚Der Vormund ist ein Freund, aber ich bin die Mutter der Kinder; ich werde nie von ihnen weggehen, auch dann nicht, wenn man mir das Geld der ganzen Welt geben würde.‘

Meine Mutter lehrte mich die ersten Gebete. Ich erinnere mich auch, daß sie mich auf die Erstbeichte vorbereitete und mich zur Kirche begleitete. Sie ging zuerst in den Beichtstuhl und empfahl mich dem Beichtvater, nachher half sie mir bei der Danksagung. Sie stand mir solange bei, bis sie mich für fähig hielt, allein gut zu beichten.

Als ich neun war, wollte meine Mutter mich unbedingt zur Schule schicken, aber sie war in großer Sorge um mich wegen des weiten Schulwegs; von unserem Haus (in Becchi) nach Castelnuovo (dem zuständigen Schulort) waren es fünf Kilometer. In ein Internat konnte sie mich nicht geben, weil mein Bruder Anton dagegen war. Schließlich fand sie einen Ausweg: Im Winter besuchte ich die Schule in Capriglio, einem kleinen Dorf in der Nähe (der Heimat der Mutter). Dort lernte ich die Grundkenntnisse im Lesen und Schreiben.“

Auch in Castelnuovo hatte, wie in den meisten

Margherita Bosco (67jährig)
Gemälde von Giuseppe Rollini nach einer Zeichnung von Bartolomeo Bellisio, 1855

Dörfern, der Ortsgeistliche die Aufgabe übernommen, den Kindern Unterricht zu erteilen. Der etwa 60jährige Priester weigerte sich zunächst, einen Jungen aus einem anderen Schulsprengel aufzunehmen. Doch als er seine Haushälterin verlor, sah er in der Schwester der Mutter, Marianna Occhiena, die geeignete Nachfolgerin. Marianna übernahm diese Arbeit jedoch nur unter der Bedingung, daß Johannes als Schüler aufgenommen werde. So konnte Johannes zwei oder drei Jahre eine Grundschule besuchen.

„Ich war noch nicht elf Jahre alt, als ich zur ersten Heiligen Kommunion zugelassen wurde (1826). Meine Mutter bemühte sich, mich darauf vorzubereiten; dreimal in der Fastenzeit ließ sie mich zum Beichten gehen. ‚Johannes', schärfte sie mir ein, ‚Gott will dir ein großes Geschenk machen; bereite dich gut vor! Beichte gut und aufrichtig! Verschweige nichts! Bereue alles und versprich Gott, es in Zukunft besser zu machen!' Ich versprach alles. Ob ich es gehalten habe, weiß Gott allein. Sie ließ mich zu Hause beten, ein gutes Buch lesen und gab mir gute Ratschläge; eine aufmerksame Mutter weiß da immer das Richtige zu finden."

Am 30. Oktober 1835 trat Johannes Bosco ins Priesterseminar ein.

„Meine Verwandten freuten sich, ich mich noch mehr. Doch meine Mutter machte einen nachdenklichen Eindruck. Sie hielt ihren Blick lange auf mich gerichtet, als ob sie mir etwas sagen wollte. Am Abend vor der Abreise suchte sie eine Gelegenheit, allein mit mir zu sein; dann sagte sie mir folgende unvergeßlichen Worte: ‚Johannes, du trägst nun das priesterliche Kleid. Ich freue mich darüber, wie nur eine Mutter sich über das Glück ihres Sohnes freut. Aber denke daran: Nicht das Kleid macht deinem Stand Ehre, sondern das vorbildliche Leben. Wenn es einmal dazu käme, daß du in deinem Beruf unsicher wirst, dann mach um Gottes willen diesem Kleid keine Schande. Zieh es sofort aus! Ich will lieber einen armen Buben zum Sohn haben als einen pflichtvergessenen Priester.‘“

Nach seiner Priesterweihe (1841) sagte ihm die Mutter: „Du bist Priester, du feierst die heilige Messe, du bist von jetzt an Christus näher. Denk aber daran, die heilige Messe zu feiern bedeutet auch, anfangen zu leiden. Du wirst das nicht sofort feststellen, aber nach und nach wirst du sehen, daß deine Mutter dir die Wahrheit gesagt hat. Ich bin sicher, daß du jeden Tag für mich beten wirst, gleich ob ich noch am Leben oder schon gestorben bin; das genügt mir. Denk von jetzt an nur an das Heil der Menschen, und mach dir keine Sorgen um mich.“

Don Bosco begann unter sehr schwierigen Bedingungen am 8. Dezember 1841 in Turin sein

Jugendwerk. Er war krank, sein Zimmer war ihm gekündigt worden ...
„Damals wurden (in Valdocco) gerade zwei Zimmer im Haus Pinardi frei; ich ließ sie sofort als Wohnung für mich und meine Mutter mieten. ‚Mutter', sagte ich eines Tages zu ihr, ‚ich muß im Haus Pinardi wohnen. Aber wegen der Leute, die bereits in dem Haus sind, kann ich niemand zu mir nehmen als dich.' Sie verstand, was das bedeuten sollte, und willigte sofort ein: ‚Wenn du meinst, daß dies Gott gefällt, bin ich bereit, noch heute aufzubrechen.' Meine Mutter brachte damit ein großes Opfer. Wenn sie es zu Hause auch nicht bequem hatte, so war sie doch die Herrin von allem, wurde von allen geliebt, ja von groß und klein wie eine Königin geachtet.
Zu Fuß machten wir uns von Becchi auf den Weg in Richtung Turin. Am Abend des 3. November 1846 kamen wir in Valdocco an. Als wir uns in den fast leeren Zimmern umarmten, meinte die Mutter scherzend: ‚Zu Hause mußte ich viel überlegen, um alles in Ordnung zu halten und die richtigen Anweisungen zu geben. Hier habe ich es viel ruhiger: Hier ist ja nichts da, womit man wirtschaften, und niemand, den man kommandieren könnte.'
Die Mutter hatte sich ihre Brautausstattung bringen lassen, die sie bisher sorgfältig gehütet hatte. Aus einigen ihrer Kleider wurden Meßgewänder geschneidert und aus dem Leinen Schultertücher, Purifikatorien, Chorröcke, Alben und

„Behandle die Schüler wie Brüder. Güte, Mitgefühl und Rücksicht, das sind die Schlüssel zu ihrem Herzen." (Don Bosco)

Altartücher genäht. ... Sie war immer guter Laune. Fröhlich sang sie eines Abends: ‚Guai al mondo se ci sente forestieri e siam con niente.' (Wir sind Fremde ohne Geld, wehe, wenn sie's merkt, die Welt)."

Im Mai 1847 kam ein 15jähriger Junge und bat Don Bosco um Brot und Unterkunft.

„Meine Mutter holte ihn in die Küche, ließ ihn sich an den Herd setzen. Während er sich aufwärmte und die Kleider trocknete, gab sie ihm Brot und eine warme Suppe."

Don Bosco hatte zwar Mitleid mit ihm und wollte ihn auch aufnehmen, aber er hatte auch Bedenken: „Ich müßte halt wissen, daß du kein Dieb bist, dann würde ich dich schon unterbringen. Aber andere haben mir schon einen Teil meiner Decken mitgenommen, und du läßt vielleicht auch wieder welche mitgehen.

- ‚Nein, Hochwürden, da dürfen Sie sicher sein: Ich bin arm, aber gestohlen habe ich noch nie.'

- ‚Wenn es dir recht ist', schlug meine Mutter vor, ‚richte ich ihm für diese Nacht einen Platz. Und morgen wird Gott schon weiter sorgen.'

- ‚Aber wo?'

- ‚Hier in der Küche.'

- ‚Er wird dir auch noch die Kochtöpfe wegtragen.'

- ‚Ich werde schon dafür sorgen, daß das nicht geschieht.'

- ‚Also, gut!'

Zusammen mit dem Buben holte die gute Frau

ein paar Ziegelsteine herbei, baute damit in der Küche vier niedrige Sockel, legte einige Bretter als Unterlage für einen Strohsack darauf und schuf so das erste Bett des Oratoriums. Dieser Junge war der erste Bewohner unseres Heimes."

Mama Margherita wurde vielen Jugendlichen eine fürsorgliche Mutter; mit allen ihren Fragen und Nöten konnten sie zu ihr kommen. Am 15. November 1856 erkrankte sie an einer Lungenentzündung. Ihrem Sohn Johannes sagt die sterbenskranke 68jährige Frau:
„Geh, Johannes, du leidest zu sehr, wenn du mich so siehst. Bedenke, daß dieses Leben aus Leiden besteht. Die wahren Freuden wird es im ewigen Leben geben ... Jetzt geh fort, ich bitte dich darum ... Bete für mich, Gott behüte dich."
Am 25. November 1856 starb die Mutter. Don Bosco rief seinen Freund Giuseppe Buzetti zu sich, den einzigen, vor dem er sich nicht schämte zu weinen. Ihm sagte er: „Jetzt sind ich und meine Kinder ohne Mutter auf Erden. Wir müssen zusammenhalten und uns gegenseitig Mutter sein."

LOUISE SOUBIROUS

Bernadette Soubirous

(1844–1879)

Seherin von Lourdes

Aus dem Wasser, das in Lourdes entspringt, konnten viele Menschen Heilung finden. Nicht aber Bernadette: „Die Quelle ist nicht für mich.“

Am 9. Januar 1843 heiratete der 35jährige Müller François Soubirous die 17jährige Louise Castérot. Aus ihrer Ehe gingen neun Kinder hervor, von denen fünf sehr früh starben.

Bernadette, das älteste Kind, kam am 7. Januar 1844 in der Mühle von Boly zur Welt. Die sehr armen Eltern mußten beide arbeiten, um die Kinder ernähren zu können.

Als die Muttergottes am 11. Februar 1858 zum ersten Mal der Bernadette erschien, waren die Eltern die ersten, denen sie davon erzählte. Diese waren darüber gar nicht erfreut; sie hatten schon genug Sorgen. Sie verbaten Bernadette zur Grotte zurückzukehren.

„Meine Mutter hatte mir verboten hinzugehen. Nach dem sonntäglichen Hauptgottesdienst (am 14.2.1858) begannen die beiden Mädchen (Bernadettes Schwester Toinette und ihre Freundin Baloum) und ich noch einmal, meine Mutter darum zu bitten. Sie wollte es nicht haben. Sie sagte mir, sie hätte Angst, ich würde ins Wasser fallen, sie hätte Angst, ich könnte nicht zurück sein, um an der Vesper teilzunehmen. Ich versprach ihr, daß ich da sein würde. Darauf erlaubte sie mir hinzugehen.“ Und zum zweiten Mal erschien ihr die Muttergottes.

Am 25. Februar bestellte der kaiserliche Staatsanwalt Bernadette zu sich, um sie zu verhören. Sie berichtet darüber:
„Ich ging mit meiner Mutter dorthin. Man fragte mich, wie sich das in der Grotte abgespielt habe. Ich erzählte alles, und er schrieb es auf. ... Meine arme Mutter weinte; von Zeit zu Zeit sah sie mich an. Als sie hörte, man würde uns ins Gefängnis bringen, flossen ihre Tränen um so reichlicher. Ich tröstete sie, indem ich ihr sagte: Du hast ganz recht, daß du weinst, denn wir kommen ins Gefängnis, obwohl wir niemand etwas Unrechtes getan haben. Als der Staatsanwalt hinausging, bot er uns Stühle an. Meine Mutter setzte sich, denn sie war ganz zittrig nach den zwei Stunden, die wir gestanden hatten."
Es kam nicht zur Inhaftierung der Seherin. Bernadette konnte weiterhin in ihrer Familie bleiben, die sie als Älteste auch finanziell unterstützte, indem sie Kinder beaufsichtigte oder Schafe hütete.
Allmählich reifte in Bernadette der Entschluß, bei den Schwestern von Nevers einzutreten. Am 3. Juli 1866 feierte sie Abschied von ihrer Familie, am Tag darauf reiste sie nach Nevers ab.
Nur fünf Monate später starb 41jährig ihre Mutter (8.12.1866). Wenige Wochen nach dieser Nachricht (am 2.1.1867) schrieb Bernadette an Abbé Pomian:
„Ich hätte nie geglaubt, daß ein solch schwerer Schlag mein Herz so früh treffen könnte; ich

Louise Soubirous, geb. Castérot

kann Ihnen mein Leid nicht beschreiben, das ich fühlte, als ich so plötzlich vom Tod meiner Mutter hörte (10.12.1866): Ich hörte zuerst von ihrem Tod, und dann erst von ihrer Krankheit ... Es gelang mir, dieses schmerzliche Opfer dem lieben Gott und seiner heiligen Mutter anzubieten, und ich kniete vor ihrem Altar nieder, um für die Ruhe ihrer Seele und um den Beistand für meine übrige Familie zu bitten."

ELISABETH HEINE

Heinrich Heine

(1797–1856)

Dichter und Publizist (Buch der Lieder, Ein Wintermärchen)

„In seinem Gemüt war beständig Kirmes."

Betty van Geldern war Ende Zwanzig, als sie den Tuchhändler Samson Heine (gest. 1828 in Hamburg) heiratete. Sie stammte aus einer jüdischen Arztfamilie, sprach Englisch und Französisch und las Lateinisch.
Ihre vier Kinder erzog sie mit fester Hand. „Das Erziehungswesen war ihr Steckenpferd."
Ihren Kindern riet sie: „Sucht nie in einem kleinen Staat eure Heimat, wählt große Städte in großen Staaten, aber behaltet ein deutsches Herz für das deutsche Volk."

Heinrich Heine schrieb am 3. Dezember 1853 an seine Mutter:
„Am Ende, glaube ich, gibt es nur eine einzige Person, auf die der Mensch sich ganz verlassen kann, das ist seine Mutter."

An meine Mutter B. Heine,
geborene van Geldern

Ich bins gewohnt,
den Kopf recht hoch zu tragen,
Mein Sinn ist auch ein bißchen starr und zähe;
Wenn selbst der König mir ins Antlitz sähe,

Ich würde nicht die Augen niederschlagen.
Doch, liebe Mutter, offen will ich's sagen:
Wie mächtig auch mein stolzer Mut sich blähe,
In deiner selig-süßen, trauten Nähe
Ergreift mich oft ein demutvolles Zagen.

Ist es dein Geist, der heimlich mich bezwinget,
Dein hoher Geist, der alles kühn durchdringet,
und blitzend sich
zum Himmelslichte schwinget?

Quält mich Erinnerung, daß ich verübet
So manche Tat, die mir das Herz betrübet?
Das schöne Herz, das mich so sehr geliebet!

Betty Heine, Gemälde eines unbekannten Künstlers

Wenige Wochen vor seinem Tod (17.2.1856) verfaßte er seinen letzten Brief:
„Und nun lebe wohl, meine innigst geliebte Mutter, und sei überzeugt, daß ich von Dir sehr lebhaft geträumt, ich sah Dich ganz wie Du in den frühesten Zeiten ausgesehen, und ich hätte vor Kummer weinen können, als ich an die Gegenwart dachte. Du bist meine gute, liebe Mutter, und da wir beide unser ganzes Leben hindurch immer brav und redlich gehandelt haben, so haben wir nicht zu fürchten, daß wir in einer anderen Welt wieder von einander getrennt leben müßten."

Zélie Martin

Zélie Guérin, geboren am 23. Dezember 1831 in Saint-Denys-sur-Sarthon in einer Offiziersfamilie, besuchte die Spitzenfachschule in Aleçon. 1853 konnte sie sich selbständig machen und bei der Stadtverwaltung ihre neueröffnete Spitzenklöppelei anmelden.

Am 13. Juli 1858 heiratete sie Louis Martin, einen gelernten Uhrmacher (geb. am 22.8.1823). Dieser gab nach der Heirat sein Uhrengeschäft auf, um das Spitzenunternehmen seiner Frau zu fördern.

Das Ehepaar Martin bekam neun Kinder: Marie-Louise, Pauline, Léonie, Marie-Hélène, Marie-Joseph-Louis, Marie-Joseph-Jean-Baptiste, Marie-Céline, Mélanie und als letztgeborene Therese. Die Mutter erlebte den Tod von fünf Kindern mit:

„Ich bedaure in keiner Weise die um dieser Kinder willen erlittenen Schmerzen und Sorgen", schrieb sie 1870 in einem Brief, „zuweilen höre ich Menschen sagen, es wäre besser gewesen, sie gar nicht gehabt zu haben. Ein solches Gerede kann ich nicht ertragen. Ich habe sie ja nur vorübergehend verloren. Im Himmel werde ich sie wiederfinden. Dennoch ist es für uns schmerzlich, ein Kind zu verlieren."

Therese von Lisieux

(1873–1897)

Die Karmelitin wies mit ihrem Leben und ihren Schriften vielen Menschen einen „Kleinen Weg" zum großen Gott.

Von den 200 Briefen, die uns von der Mutter erhalten sind, sollen hier nur Auszüge wiedergegeben werden, die Therese betreffen.

„Nun erwarte ich täglich meinen kleinen Engel und bin sehr bedrückt, bis zur Stunde noch keine Amme gefunden zu haben. Wohl hatte ich bereits einige zur Auswahl, aber sie gefielen mir nicht, so daß mein Mann sich nicht entschließen konnte, eine von ihnen zu wählen. Dabei scheiterte es nicht am Geld, sondern wir fürchteten, jemanden ins Haus zu bekommen, der nicht zu uns paßt. Wenn doch der liebe Gott mir die Gnade verleihen wollte, mein Kind selbst stillen zu können! Es wäre mir eine so reine Freude, dies tun zu dürfen. Ich habe ja die Kinder so lieb! Ich bin dazu geboren, Kinder zu haben, aber allmählich wird es doch Zeit, daß es damit ein Ende nimmt. Am 23. Dezember (1872) werde ich 42 Jahre alt - ein Alter, in dem man bereits Großmutter sein könnte." (Brief vom 15.12.1872)

Zwei Wochen nach Thereses Geburt schrieb die Mutter:
„Wie sein verstorbenes Schwesterchen heißt es Therese. Alle Leute behaupten, es sei ein schönes Kind. Es lächelt bereits. Am Dienstag habe ich das zum ersten Mal festgestellt. Erst meinte ich, mich getäuscht zu haben, aber gestern wurden meine Zweifel zerstreut. Es schaute mich ganz aufmerksam an und lächelte wirklich.

Während ich dieses Kind unter meinem Herzen trug, vollzog sich etwas, was mir bei meinen früheren Kindern nie widerfahren war: Sang ich, so sang es mit mir ... Das verrate ich aber nur Dir (ihrer Schwägerin). Kein Mensch würde es mir sonst glauben." (Brief vom 16.1. 1873)

Bald konnte Zélie ihr Kind nicht mehr stillen, mußte ihm die Flasche reichen. Damit begannen die gefürchteten Darmstörungen, durch die sie schon zwei ihrer Kinder verloren hatte.

„Ich befürchte, sie leidet unter einer Darmkrankheit, und ich stelle bei ihr die gleichen besorgniserregenden Symptome fest wie bei meinen anderen Kindern, die gestorben sind. Soll ich etwa auch dieses Kind verlieren müssen? Ich bin sehr besorgt und schlafe kaum mehr als zwei Stunden nachts, da ich fast ununterbrochen bei der Kleinen bin, die während der Nacht teilweise sehr aufgeregt ist." (Brief vom 17.1. 1873)

Zélie Martin, geb. Guérin

Das Kind mußte einer Amme, Rose Taillé, anvertraut werden. Am 2. April 1874 durfte die Mutter es wieder mit nach Hause nehmen.

„Was unseren kleinen Wildfang angeht, weiß man noch nicht recht, wie er sich machen wird; er ist noch ein so winziges, unbesonnenes Ding! Ihr Geist ist dem Célines überlegen, aber sie ist viel weniger sanft; vor allem besitzt sie einen fast unüberwindlichen Eigensinn. Wenn sie nein sagt, kann nichts sie zum Nachgeben bringen, sperrte man sie einen Tag lang in den Keller, sie schliefe lieber dort, als ja zu sagen." (Brief vom 14.5.1876)

Therese von Lisieux mit ihren Eltern

Im Oktober 1876 stellte der Arzt bei der 45jährigen Mutter einen Tumor an der Brust fest. „Mein Zustand ist sozusagen immer der gleiche. Ich leide zwar nicht viel, und doch spüre ich, wie das Übel von innen heraus ununterbrochen fortschreitet; aber der Schmerz ist erträglich. Ich hoffe, daß die Gottesmutter mich heilen wird, wenn auch nicht ganz, so wenigstens soviel, daß sie mich noch so lange erhält, um meine Kinder erziehen zu können. Mein Aleçonspitzengeschäft gebe ich auf und fange an, von den Renten zu leben." (Brief vom 10.5. 1877)

Was sie ihren Verwandten nicht mitteilen konnte, sagte die Mutter ihrem lieben Gott:
„Ich glaube an dich, Herr, und ich glaube, daß ich in Ewigkeit leben werde. Verzeihe mir, wenn ich trotzdem jetzt nicht fähig bin, mich dieser Wahrheit zu freuen. Du verstehst mich, ich habe einen geliebten Gatten, ich habe Kinder, meine Kleinste ist noch nicht fünf Jahre alt. Ich liebe sie alle unaussprechlich. Die Trennung schmerzt mich unsagbar. Und doch, ich werde nicht sterben, ich werde leben in Ewigkeit."

„Ich hatte das Glück, unvergleichliche Eltern zu haben, die uns mit Sorge und Zärtlichkeit umgeben haben."

Sie starb am 28. August 1877. Therese war damals viereinhalb Jahre alt. In ihren „Selbstbiographischen Schriften“ erinnert sie sich an diesen Tag:

„Am Tag von Mamas Hinscheiden oder tags darauf nahm mich Papa auf den Arm und sagte: ‚Komm, gib deinem armen Mütterchen zum letztenmal einen Kuß.‘ Und ich, ohne ein Wort zu sagen, drückte meine Lippen auf die Stirn meiner geliebten Mutter ... Ich entsinne mich nicht, viel geweint zu haben; ich sprach mit niemand von den tiefen Gefühlen, die ich empfand. Stumm schaute und hörte ich zu. Niemand hatte Zeit, sich um mich zu kümmern, und so sah ich manches, was man mir hätte verbergen wollen. Einmal stand ich vor dem Sargdeckel, lange blieb ich stehen und betrachtete ihn, noch nie hatte ich so etwas gesehen, doch ich begriff ... Ich war so klein, daß ich, obwohl Mama von kleiner Gestalt war, den Kopf heben mußte, um das obere Ende zu sehen, und er schien mir gar groß, gar traurig.“

Ihre ältere Schwester Pauline bemühte sich, für Therese die Mutterstelle zu übernehmen. Als sie 18jährig in den Karmel eintrat, verlor Therese ihre „zweite Mutter“:

„Ich wußte nicht, was der Karmel war, aber ich begriff, daß Pauline mich verlassen wollte, um in ein Kloster einzutreten. Ich begriff, daß sie nicht auf mich warten würde und daß ich im Begriff war, meine zweite Mutter zu verlieren.“

PUTLIBAI

Mahatma Gandhi

(1869–1948)

Der indische Freiheitskämpfer entwickelte die Methode des gewaltlosen Widerstandes. Er wurde 1948 von einem fanatischen Hindu ermordet.

Putlibai, Gandhis Mutter

Die Mutter Gandhis, Putlibai, ein frommes Hindumädchen, das weder lesen noch schreiben konnte, heiratete den Politiker Karamchand Gandhi (gest. 1885). Dieser hatte schon dreimal seine Frau verloren und brachte zwei Töchter in seine vierte Ehe mit. Mohandas, später Mahatma, „die große Seele“, genannt, war das vierte und letzte Kind ihrer Ehe.

Gandhi wurde geprägt von der tiefen Religiosität seiner Mutter. Sie besuchte täglich den Tempel und aß nie, ohne zuvor ein Gebet gesprochen zu haben. Sie nahm das härteste Fasten auf sich und hielt es sehr streng.

„Der Haupteindruck, den meine Mutter in meinem Gedächtnis hinterlassen hat, ist der von Heiligkeit. Ich erinnere mich an Tage, wo wir, wenn die Sonne plötzlich erschien, zur Mutter hineinstürzten, um ihr das anzuzeigen. Sie eilte dann hinaus, um mit eigenen Augen nachzusehen, aber inzwischen war die flüchtige Sonne schon wieder verschwunden, sie so ihrer Mahlzeit beraubend. ‚Das macht nichts‘, sagte sie heiter, ‚Gott will nicht, daß ich heute esse.‘ Und dann kehrte sie zu ihren Pflichten zurück.“

Die Mutter starb, während Gandhi in England

weilte. Erst nach seiner Rückkehr (1891) erfuhr er vom Tod seiner Mutter. Die Verwandten wollten ihm die Nachricht nicht zukommen lassen, da sie wußten, wie sehr er an seiner Mutter hing.

„Ich brannte darauf, meine Mutter zu sehen. Ich wußte nicht, daß sie nicht mehr lebte, um den Heimkehrer an ihr Herz zu ziehen ... Mein Bruder ... wollte mir den Schlag in einem fremden Land ersparen. Die Nachricht war jedoch ein schwerer Schock für mich. Mein Kummer war noch größer als beim Tod meines Vaters (1885). Die meisten meiner liebsten Hoffnungen waren zerstört ... Aber ... ich konnte selbst den Tränen Einhalt gebieten und nahm das Leben wieder auf."

„Fragt dich ein Hungernder: Wo ist Gott? Dann gib ihm Brot und sage: Hier!" (Gandhi)

Margherita Sarto

Papst Pius X.

(1835–1914)

Der Landpfarrer auf dem Stuhl Petri war bestrebt, „alles in Christus zu erneuern". Und einiges in der katholischen Kirche konnte er verändern.

Margherita Sanson stammte aus Vedelago, einer kleinen Ortschaft nahe bei Riese (Provinz Treviso). Sie wurde 1813 als Tochter eines Gastwirts geboren. Da sie in sehr ärmlichen Verhältnissen aufwuchs, lernte sie weder lesen noch schreiben, wurde aber eine tüchtige Schneiderin.

Die 20jährige Margherita heiratete am 13. Februar 1833 Giovanni Battista Sarto, den doppelt so alten Boten des Bürgermeisters von Riese. Ihr Mann starb 60jährig am 4. Mai 1852, nur wenige Stunden, nachdem der jüngste Sohn geboren war. Zurück blieb die 39jährige Witwe mit acht Kindern, der älteste Sohn war gerade 15 Jahre alt.

Margherita Sarto, geb. Sanson

Giuseppe, der spätere Papst Pius X., war das älteste Kind (geb. 2.6.1835). An allen wichtigen Etappen seiner kirchlichen Laufbahn erfährt man etwas von seiner Mutter.

Als „Bepi" zum ersten Mal den Talar trug, sagte die Mutter den Geschwistern, daß sie ihren Bruder von nun an mit „Sie" anzureden hätten.

Nachdem er zum Bischof geweiht worden war (16.11.1884), besuchte er in vollem Ornat seine Mutter. Mit Blick auf seinen bischöflichen Ring wies sie auf ihren Ehering: „Ohne diesen Ring wäre jener nicht an deinem Finger."

„Bepi" wurde am 12. Juni 1893 zum Kardinal ernannt, im Oktober jenes Jahres kam er nach Riese, um seine 80jährige kranke Mutter zu besuchen.
- „Bepi, du bist ganz rot!"
- „Und du, Mutter, bist ganz weiß!"
Es war ihre letzte Begegnung. Die Mutter starb am 2. Februar 1894.

„Sie hat so viel gearbeitet, daß sie es verdient, im Andenken all jener zu bleiben, die wissen, was Arbeiten und Leiden heißt."
(Ihr Sohn, Papst Pius X.)

*H*ELENA SPYRU

Patriarch Athenagoras

(1886–1972)

Der Ökumenische Patriarch Athenagoras I. gehört zu den großen Zeugen für die Einheit der Christen. Sein Leben galt dem Dienst an dem „einen Kelch".

Die Mutter des Patriarchen Athenagoras I. war die Tochter eines Gerbers. Sie heiratete Dr. Matthäus Spyru, mit dem sie drei Kinder bekam: zwei Jungen und ein Mädchen. Der gewissenhafte herzkranke Arzt starb, als er zu einem kranken Kind gerufen wurde.

Im hohen Alter erinnert sich der Erstgeborene:

„Meine Mutter stammte aus Konitsa, einem Marktflecken im Epirus, einem Städtchen mit 1.500 Familien und einer kleinen blühenden Schuhindustrie.
Ich habe keine Photographie von meiner Mutter. Zu ihren Lebzeiten gab es keine Photographen in den Dörfern.
Unsere Mutter hat in uns Kinder die Keime des Glaubens gelegt. Ihr eigener Glaube war stark und überzeugend. Abends vor dem Einschlafen sang sie uns Kirchenlieder vor.
Als ich dreizehn war, erkrankten meine Mutter und ich fast zur gleichen Zeit. Ich verlor das Bewußtsein, alles verwirrte sich. Wochen vergingen. Als ich wieder zu mir kam, suchte ich meine Mutter. Sie war nicht da. Mein Vater erklärte mir, daß sie nach Konitsa zu ihrer Fami-

lie geschickt worden sei: ‚Wir konnten nicht zwei Schwerkranke zusammen im Haus haben.‘ Ich wartete auf die Rückkehr meiner Mutter. Ich war kaum genesen und sehr schwach. Ich war nur noch Haut und Knochen. Eines Tages im Winter wärmte ich mich im Hof des Hauses an der Sonne. Da kommt ein Mann herein und fragt mich: Wohnt hier Matthäus Spyru, weißt du, der, der seine Frau verloren hat? So erfuhr ich vom Tod meiner Mutter (1899). Sie war seit drei Monaten tot; sie war erst 37 Jahre alt. Ich bin nie darüber hinweggekommen; sie fehlt mir immer.“

Franz Marc, Bildnis der Mutter
Öl auf Leinwand, 1902

SOPHIE MARC

Sophie Maurice, die Mutter Franz Marcs, entstammte einer protestantischen Familie aus Remiremont in Frankreich. Sie heiratete Wilhelm Moriz Eduard Marc (1839–1907), den Sohn einer oberbayerischen Beamtenfamilie. Nach einem Jurastudium wurde er Maler, dann Professor an der Münchener Akademie.
Sie bekamen zwei Kinder, Paul (geb. 1877) und Franz. Franz Marc wurde im protestantischen Glauben seiner Mutter erzogen, zu der er ein engeres Verhältnis hatte als zu seinem Vater. Das Bildnis seiner Mutter malte er im Alter von 22 Jahren. Bis zu seinem 34. Lebensjahr korrespondierte er mit ihr ausschließlich in französischer Sprache.

Franz Marc

(1880–1916)

Der Maler und Graphiker, der durch seine Tierdarstellungen bekannt wurde, gehört zu den Mitbegründern des "Blauen Reiters".

Marie Hesse

Hermann Hesse

(1877–1962)

Der Dichter und Schriftsteller (Der Steppenwolf, Das Glasperlenspiel) erhielt 1946 den Nobelpreis.

Die Mutter Hermann Hesses, Marie Gundert, wurde 1842 als Missionarstochter in Indien geboren. Nach dem frühen Tod ihres ersten Mannes, Charles Isenberg, heiratete sie Johannes Hesse, den Sohn eines Arztes aus Estland (geb. 1847). Aus der zweiten Ehe gingen sechs Kinder hervor; zwei starben sehr früh.

Hermann Hesse (geb. am 2.7.1877) erinnerte sich noch über 40 Jahre nach dem Tod der Mutter (24.4.1902) an ihre „unerschöpfliche Phantasie und Liebeskraft".

Er bewunderte ihre Erzählkunst: „Woher haben die Mütter diese gewaltige und heitere Kunst, diese Bildnerseele, diesen unermüdlichen Zauberborn der Lippen? Ich sehe dich noch, meine Mutter, mit dem schönen Haupt zu mir geneigt, schlank, schmiegsam und geduldig, mit den unvergleichlichen Braunaugen!"

Marie Hesse, geb. Gundert, verw. Isenberg

Ein Jahr nach ihrem Tod schrieb er:

„Wenn ich mich klar besinne, so verdanke ich das Beste, was ich geistig besitze, unserer lieben Mutter, die ich immer und immer wieder lebendig um mich fühle."

Ihr widmete er dieses Gedicht:

Meiner Mutter

Ich hatte dir so viel zu sagen,
ich war zu lang im fremden Land,
und doch warst du in all den Tagen
die, die am besten mich verstand.

Nun, da ich meine erste Gabe,
die ich dir lange zugedacht,
in zagen Kinderhänden habe,
hast du die Augen zugemacht.

Doch darf ich fühlen, wie beim Lesen
mein Schmerz sich wunderlich vergißt,
Weil dein unsäglich gütig Wesen
Mit tausend Fäden um mich ist.

ADELE SCHWEITZER

Albert Schweitzer

(1875–1965)

Theologe, Musiker, Arzt („Urwalddoktor") und Philosoph

„Ein halbes Jahr nach meiner Geburt (14.1. 1875) siedelte mein Vater als Pfarrer nach Günsbach im Münstertal (Oberelsaß) über. Meine Mutter war eine Münstertälerin. Sie war die Tochter des Pfarrers Schillinger zu Mühlbach, hinten im Tal.

Als wir nach Günsbach kamen, war ich ein sehr schwächliches Kind. Bei der Installation meines Vaters hatte mich meine Mutter, so schön sie es nur konnte, in einem weißen Kleidchen mit farbigen Bändern herausgeputzt. Aber keine der zur Feier gekommenen Pfarrfrauen der Umgebung wagte, ihr ein Kompliment über das magere Kindchen mit dem gelben Gesichtchen zu machen. Alle ergingen sich in verlegenen Redensarten. Da konnte sich meine Mutter - sie hat es mir oft erzählt - nicht mehr beherrschen. Sie flüchtete mit mir in das Schlafzimmer und weinte heiße Tränen über mir …

Vom zweiten Jahre an gesundete ich und wurde ein kräftiger Knabe. Im Pfarrhaus von Günsbach verlebte ich mit drei Schwestern und einem Bruder eine schöne Kindheit. Ein sechstes Kind, ein Mädchen, Emma genannt, wurde meinen Eltern durch einen frühen Tod entrissen. …

Adele Schweitzer, geb. Schillinger

Das verschlossene Wesen hatte ich von meiner Mutter geerbt. Es war uns nicht gegeben, die Liebe, die wir füreinander hatten, in Worten auszudrücken. Ich kann die Stunden zählen, in denen wir uns wirklich miteinander ausgesprochen haben. Aber wir verstanden uns, ohne zu sprechen.
Von meiner Mutter her hatte ich auch eine tiefe Leidenschaftlichkeit, die sie ihrerseits wieder von ihrem Vater hatte, der sehr gut und zugleich jähzornig war. ...
Als ich noch so klein war, daß ich kaum verstand, was man mir sagte, erklärte mir meine Mutter, daß ich den Namen Albert zum Andenken an ihren verstorbenen Bruder führe. ... Der Gedanke, die Existenz eines Menschen, der meiner Mutter so lieb gewesen war, fortzusetzen, beschäftigte mich sehr, besonders da mir von seiner Güte soviel erzählt wurde ...
Als eine besondere Güte unserer Eltern empfanden wir, daß sie uns erlaubten, von unseren Schulfreunden mit in die Ferien zu bringen, bis das Haus voll war. Wie meine Mutter die Arbeit, die wir ihr dadurch verursachten, bewältigen konnte, ist mir heute noch ein Rätsel."

„Ich bin sehr glücklich, daß Du Deine große Autorität in den Dienst für den Frieden gestellt hast. Jedesmal, wenn Dein Name zwischen denen erscheint, die gegen den Atomkrieg kämpfen, fühle ich mich Dir nahe." (Jean-Paul Sartre an Albert Schweitzer)

„Meine Mutter war 1916 (im Alter von 74 Jahren) auf der Straße von Günsbach nach Weier im Tal von Militärpferden überrannt und getötet worden."

MARIA IMMAKULATA BEA

Augustin Bea

(1881–1968)

Der gelehrte Jesuit war der erste Leiter des Päpstlichen Sekretariats für die Einheit der Christen.

Maria Immakulata Merk (1854–1918), die Mutter von Kardinal Bea, heiratete im März 1880 den Zimmermann und Baumeister Karl Bea. Augustin, das einzige Kind dieser Familie, wurde am 28. Mai 1881 im südbadischen Riedböhringen geboren.

„An der Hand der Mutter habe ich das Beten gelernt. Jedes Jahr wenigstens einmal ging meine Mutter - damals machte man das noch zu Fuß - nach Maria Einsiedeln. Und wenn sie zurückkam, brachte sie dem Buben ein ‚Krämle' (ein Geschenk) mit, irgendeine kleine Statue. Und sie lehrte mich dann, wie man alles schön geordnet aufstellt. Das war meine erste Ausbildung zum Beruf; sie erfolgte durch Vater und Mutter, die somit die eigentlichen Begründer meines Priesterberufes und all dessen geworden sind, was daraus erwuchs. Jetzt, nach beinahe 80 Jahren, kann ich Gott dem Herrn und meinen Eltern dafür nicht genug Dank sagen.
Als ich zum Studium nach Sasbach gehen sollte, verabschiedeten Vater und Mutter unter Tränen ihr einziges Kind, aber sie brachten das Opfer, um den Willen Gottes zu erfüllen. Später kam dann noch ein schwereres Opfer, daß sie auf

mich als Stütze ihres Alters ganz verzichten mußten, indem sie mir die Erlaubnis gaben, in den Orden, und zwar in den damals aus dem deutschen Land vertriebenen Jesuitenorden, einzutreten. Noch auf ihrem Sterbebett hat die Mutter mir gesagt, daß sie das Opfer, das sie damals brachte, niemals bereut habe, und daß sie Gott dem Herrn danke, daß sie damals ihr Ja gesprochen habe."

Maria Bea, geb. Merk

Auf die Bitte des Pfarrers und des Bürgermeisters seines Heimatortes Riedböhringen willigte Kardinal Bea ein, dort bestattet zu werden. „Aber ich stellte eine Bedingung: Ich wollte, daß man für mich ein Familiengrab errichtet und dort auch die noch vorhandenen sterblichen Reste meiner Eltern beisetzt."
Gerne nahm man diese Bedingung an.

Sophie Brecht

Bertolt Brecht

(1898–1956)

Der Schriftsteller und Regisseur gehört zu den einflußreichsten Autoren unseres Jahrhunderts.

„Mein Mutter: Ich liebte sie auf meine Weise, aber sie wollte auf die ihre geliebt sein."

Über seine Mutter Sophie, geborene Brenzing (1871–1920), die zwei Söhne hatte, berichtet Bertolt Brecht sehr wenig.

„Ich, Bertolt Brecht,
bin aus den schwarzen Wäldern.
Meine Mutter trug mich in die Städte hinein
Als ich in ihrem Leibe lag.
Und die Kälte der Wälder
Wird in mir bis zu meinem Absterben sein."

Sophie Brecht, geb. Brenzing

Sehr früh wandte Bertolt Brecht sich von seinem bürgerlichen Elternhaus ab:

„Ich bin aufgewachsen als Sohn
Wohlhabender Leute. Meine Eltern haben mir
Einen Kragen umgebunden und mich erzogen
In den Gewohnheiten des Bedientwerdens
Und unterrichtet in der Kunst der Befehlens.
Aber als ich erwachsen war und um mich sah,
Gefielen mir die Leute meiner Klasse nicht,
Nicht das Befehlen
und nicht das Bedientwerden.
Und ich verließ meine Klasse und gesellte mich
Zu den geringen Leuten."

Angelika Gmeiner

Hermann Gmeiner, der Gründer der SOS-Kinderdörfer, hatte erlebt, daß seine 16jährige Schwester Elsa nach dem frühen Tod der Mutter deren Stelle eingenommen hatte. Überzeugt, daß „jedes Kind Geborgenheit braucht" und daß „die Hand, die die Wiege bewegt, die Welt regiert", schuf er ein weltweites Werk, damit möglichst viele Kinder die Erfahrung einer guten Mutter machen können. Das Bild seiner eigenen Mutter bewahrte er immer im Herzen:

„Meine Mutter starb, als ich fünf Jahre alt war. Ich kann mich nur noch dunkel an sie erinnern. Doch ich glaube, daß ihr Einfluß auf die Bildung meiner Seele überaus groß war. Sie war eine gute Frau und eine noch bessere Mutter. Einmal, als meine älteren Geschwister etwas angestellt hatten, rief sie uns in der großen Bauernstube zusammen. Sie saß auf einem klobigen Stuhl. Lieb, verzeihend, gütig klangen ihre Worte. Damals - das spürte ich schon als Kind - blieb bei uns allen kein Zweifel darüber, daß das, was geschehen war, nie wieder vorkommen durfte. Aber auch, daß meine Mutter schon verziehen hatte, fühlten wir.

Nach der Geburt ihres neunten Kindes, meines

Hermann Gmeiner

(1919–1986)

Was der arme Vorarlberger Medizinstudent Hermann Gmeiner 1949 begann, wurde zu einem weltweiten Werk: In fast tausend SOS-Kinderdörfern in mehr als hundert Ländern finden heute Kinder eine Mutter und ein Zuhause.

Bruders Anton, wurde meine Mutter schwer krank. Einige Stunden vor ihrem Tod holte man uns Geschwister an ihr Sterbebett. Mein Vater war bei ihr. Aber er ging sogleich hinaus. Wir sollten seinen Schmerz nicht sehen. Meine größeren Geschwister haben geweint. Wir Kleineren wußten noch nicht, was der Tod ist. Meine Mutter sagte: Bleibt gut, Kinder! Dann schob uns die Krankenpflegerin der Reihe nach zur Tür hinaus. Von dieser Stunde an sah ich meine Mutter nicht mehr. Aber in meiner Erinnerung lebt sie für immer fort. Was sie uns gelehrt und vorgelebt hat, wiegt mehr als die Lehren und Schulen meines Lebens.

Als ich fünfzehn Jahre nach ihrem Tod in den Krieg zog, war mir meine Mutter näher als je zuvor. Ich glaube, sie in diesen Kriegsjahren nicht einen Tag vergessen zu haben. Oft, wenn Gefahr drohte, war mir, als stünde sie vor mir. Sie war meinem Herzen so nahe wie das Hemd meinem Leib. Der Gedanke an sie machte mich immer ganz eigenartig sicher und ruhig. Ich liebte sie. Und der Tod konnte mich nur enger mit ihr verbinden.

Angelika Gmeiner, Hochzeitsfoto

Meine Mutter war eine einfache Frau. Sie kannte von der Welt nicht viel mehr als das Stück Bregenzerwaldes, in dem sie aufgewachsen war. Sie kannte es gut und stellvertretend für die ganze Welt, die andere Menschen, ohne viel von ihr zu erfahren, kreuz und quer bereisen. Ihr Horizont war nicht klein, denn sie hatte jene

tiefe Gläubigkeit, die alle Dinge durchsichtig macht und den Blick für das Wesentliche weitet.
Ich habe meine Mutter zu einer Zeit erlebt, in der das Wort erst allmählich zur Brücke der Verständigung zwischen Mutter und Kind wird. Vielleicht deshalb habe ich sie als eine Frau in Erinnerung, der es leichter fiel, sich mit Blikken als mit Worten auszudrücken. Der Ausdruck ihres Gesichtes lobte, strafte und liebte. Ihre Blicke schienen stets besorgt oder fürsorglich auf uns zu ruhen. Sie waren ihr wichtigstes Erziehungsmittel.
Ich sehe meine Mutter aus dem Blickwinkel des fünfjährigen Kindes. Sie ist neben mir nicht alt geworden. Ich habe keinen Wandel der Beziehungen zu ihr erlebt und weiß nicht, welche Erfahrungen ich dadurch versäumt habe. Dafür weiß ich sehr genau, was die Mutter dem fünfjährigen Kind bedeutet. Die Mutter ist ihm die Mitte der Welt. Sie steht am Anfang des Daseins. Das Kind bildet mit ihr eine Einheit, die nur unter Gefahr für sein Leben aufgelöst oder ganz zerstört werden kann.
Meine Mutter hinterließ, als sie von uns ging, nichts als Leere dort, wo sie gestanden hatte. Doch viele Jahre später durfte ich behaupten, daß mich ihr Tod auf meine Lebensaufgabe, die Gründung der SOS-Kinderdörfer, vorbereitete."

Louise Dix

Otto Dix

(1891–1969)

Maler, Zeichner und Graphiker. „Mein Wahlspruch: Trau den Augen!“

Die Mutter Louise Dix, geborene Amann, kam 1863 in Gera-Untermhaus zur Welt.
Sohn Otto war das erste von vier Kinden aus ihrer Ehe mit dem Eisengießereiarbeiter Franz Dix (1862 –1942). Die Mutter vermittelte ihm die Neigung zu Kunst und Dichtung. Zu ihr hatte er ein innigeres Verhältnis als zu seinem Vater. Er malte sie oft, auch in späteren Jahren: als Großmutter mit Enkelin (1935), als 85jährige (1948), 86jährige (1949) und auf dem Totenbett (26.8.1953).

Otto Dix, Porträt meiner Mutter, 1920
Bleistiftzeichnung

HANNAH CHAPLIN

Charlie Chaplin

(1889–1977)

Der Schauspieler, Regisseur und Filmproduzent wurde weltweit bekannt als Tramp in übergroßen, verstaubten Schuhen, einer viel zu weiten Hose, einem abgewetzten Jackett, einer Melone auf dem Kopf und einem zierlichen Stöckchen in der Hand.

Charlie Chaplin wurde im April 1889 in einem ärmlichen Teil Londons geboren.

Die Eltern bewohnten damals eine halbwegs komfortable Dreizimmerwohnung. Seine Mutter Hannah Harriett Pedlingham, geborene Hill (1865–1928), eine kleine, zierliche, hübsche und hilfsbereite Frau, verdiente - zusammen mit ihrem Mann - ihren Lebensunterhalt durch Auftritte in Varietés. Die Familie hatte es schwer, denn oft konnte der alkoholabhängige Vater nicht auftreten.

Schließlich verließ der Vater die Familie. Er sollte zwar - so war es abgemacht - zehn Shilling pro Woche schicken, aber das tat er selten. So mußte sich die Mutter mit ihren zwei Söhnen in einem möblierten Zimmer einrichten.

Die Mutter nahm den kleinen Charlie manchmal zu ihren Auftritten mit, um ihn nicht allein zu Hause zu lassen. Eines Abends versagte der Mutter die Stimme. Da sprang der Fünfjährige für sie ein und sang ein damals beliebtes Gassenlied.

Nach dieser Nacht suchte die Mutter immer häufiger eine evangelische Kirche auf. Sie nahm von nun an Näharbeiten an. Doch sie wurde so schlecht bezahlt, daß sie ihre Kinder damit

kaum durchfüttern konnte. Ihre Gesundheit wurde immer schwächer. Schließlich mußte die Familie das Armenhaus in Lambeth aufsuchen. Dort bekamen die Kinder zwar regelmäßig zu essen, aber sie waren von der Mutter getrennt, denn diese war im Frauentrakt untergebracht. Immer seltener sah Charlie seine Mutter. Schließlich wurde Hannah in die Irrenanstalt des Armenhauses eingewiesen. Als sie entlassen wurde, holte sie die Kinder wieder zu sich und zog in eine Einzimmerwohnung. Um den Lebensunterhalt zu sichern, verließ Charlie vorübergehend die Schule und schloß sich einer Truppe von Holzschuhtänzern an.
Schließlich konnte Charlie seine Mutter dazu überreden, ihn ganz aus der Schule zu nehmen. Er arbeitete als Laufjunge und Hausbursche oder - so schmächtig er war - sogar als Holzfäller. Schließlich bekam er eine Rolle in einem Provinztheater. Damit verdiente er so viel, daß er zusammen mit seinem Bruder für die Mutter eine Dreizimmerwohnung mieten konnte.

Hannah Chaplin, geb. Hill

„Ich erinnere mich eines Abends in unserem einzigen Zimmer im Souterrain eines Hauses der Oakley Street. Ich lag im Bett und erholte mich von einer fiebrigen Krankheit. Sydney (der Bruder) war in die Abendschule gegangen, und ich war mit Mutter allein. Es war am späten Nachmittag, und sie saß mit dem Rücken zum Fenster, las, gestikulierte und erläuterte in ihrer unnachahmlichen Weise das Neue Testament, die Liebe Christi und sein Mitgefühl für die Armen und die kleinen Kinder. Vielleicht war sie wegen meiner Krankheit besorgt ..., jedenfalls sprach sie von Christus so ergreifend, wie ich es nie wieder gehört oder gesehen habe. Sie erzählte von seiner Geduld und seinem Verständnis für die Sünder, von der Frau, die gesteinigt werden sollte, und sie las die Worte, die Christus gesprochen hatte: ‚Wer unter euch ohne Sünde ist, der werfe den ersten Stein.‘

Sie las bis zum Dunkelwerden und hielt nur ein, um die Lampe anzuzünden. Dann sprach sie von dem Glauben der Kranken, die nur den Saum seines Kleides berührten und gesund wurden.

Sie erzählte vom Haß und der Eifersucht der Hohenpriester und Pharisäer; sie beschrieb die Festnahme Jesu und sein würdevolles Auftreten vor Pilatus, der sich die Hände wusch (das führte sie vor) und sagte: ‚Ich finde keine Schuld an diesem Menschen.‘ Sie erzählte, wie man ihn entkleidete, ihn verspottete, ihm eine Dornenkrone aufsetzte und ihn anspuckte und rief: ‚Heil dir, König der Juden!‘

Als sie fortfuhr, traten Tränen in ihre Augen. Sie berichtete von Simon, der Christus das Kreuz tragen half, und von dem ergreifend dankbaren Blick, den Jesus ihm schenkte; sie erzählte vom reuigen Schächer, der mit Jesus am Kreuz starb und Vergebung erflehte. Sie wiederholte die Worte Jesu: ‚Heute noch sollst du mit mir im Paradies sein.‘ Sie berichtete,

wie er vom Kreuz herab auf seine Mutter schaute und sagte: ‚Frau, siehe dein Sohn!' und wie er in seinem Todesschmerz ausrief: ‚Mein Gott, warum hast du mich verlassen?' - Und wir weinten beide. ‚Begreifst du', sagte Mutter, ‚wie menschlich er war; wie wir alle litt auch er Zweifel.'
Mutter hat mich so mitgerissen, daß ich noch in der selben Nacht sterben und Jesus gegenübertreten wollte. Mutter war jedoch nicht so schwärmerisch: Jesus will, daß du erst hier lebst und deine Bestimmung erfüllst.
In jenem dunklen Kellerraum in der Oakley Street entzündete Mutter für mich das sanfteste Licht, das die Welt je gekannt und das Literatur und Theater mit den größten und reichsten Themen beschenkt hat: Liebe, Mitleid und Menschlichkeit."

Chaplins Filme wurden immer größere Erfolge. Und sein Leben war immer bewegter ...

„Als ich nach Hollywood zurückkam, machte ich bei Mutter Station (Hannah Chaplin war im März 1921 in die USA eingereist). Sie war froh und lustig und wußte alles über meinen triumphalen Besuch in London. ‚Nun, was denkst du über deinen Sohn und all diesen Unsinn?' fragte ich sie gutgelaunt.
‚Es ist wunderbar, aber würdest du nicht doch lieber du selbst sein, als ständig in dieser Theaterwelt der Unwirklichkeit zu leben?'

„In Deinen Filmen ist echteste Menschlichkeit und tiefste Logik des Herzens." (Kurt Tucholsky über Chaplin)

‚Du hast Grund zum Reden‘, lachte ich. ‚Du bist ja verantwortlich für diese Unwirklichkeit.‘ Sie schwieg eine Weile. ‚Wenn du dein Talent doch dem Dienst des Herrn gewidmet hättest - ich glaube, du hättest viele tausend Seelen retten können.‘

Ich lächelte. ‚Vielleicht hätte ich Seelen gerettet, aber kein Geld gespart.‘“

Die Mutter starb am 28. August 1928 im Glendale Hospital in Kalifornien und wurde auf dem Friedhof in Hollywood beigesetzt.

In seinem Buch „Die Geschichte meines Lebens“, in dem Charlie Chaplin oft von seiner Mutter sprach, stellte er sich nach ihrem Tod die Frage: „Ich weiß nicht, ob das Porträt, das ich von Mutter gezeichnet habe, ihr gerecht wird. Wohl aber weiß ich, daß sie ihre Last freudig getragen hat. Freundlichkeit und Wohlwollen waren ihre hervorragendsten Tugenden. Obgleich sie religiös war, liebte sie die Sünder und identifizierte sich immer mit ihnen. ... Trotz des Schmutzes, in dem wir leben mußten, hat sie Sidney und mich immer von der Straße ferngehalten und uns empfinden lassen, daß wir nicht das übliche Produkt der Armut waren, daß vielmehr etwas Einzigartiges in uns war und wir uns von den anderen unterschieden.“

AUGUSTE STEIN

Edith Stein

(1891–1942)

Jüdin, Christin, Philosophin, Karmelitin, wurde 1942 in Auschwitz ermordet.

Edith Steins Mutter Auguste (Gustel), eine geborene Courant, stammte aus der Provinz Posen. Sie heiratete 1871 Siegfried Stein, den Erben einer Holzhandlung. Aus ihrer 22 Jahre währenden Ehe gingen elf Kinder hervor, von denen vier sehr früh starben.
In der Breslauer Kohlenstraße wurde am 12. Oktober 1891 Edith als jüngstes Kind der Familie Stein geboren. „Ich war am Versöhnungstag geboren, und meine Mutter hat ihn immer als meinen eigentlichen Geburtstag betrachtet, wenn auch der Glückwunsch- und Geschenktag der 12. Oktober war. Sie hat auf diese Tatsache großen Wert gelegt, und ich glaube, daß dies mehr als alles andere dazu beigetragen hat, ihr ihr jüngstes Kind besonders teuer zu machen."
Der Vater starb an einem Hitzschlag, als Edith noch nicht zwei Jahre alt war. Gegen den Widerstand der Verwandtschaft führte die 44jährige Witwe das Holzgeschäft weiter, und zwar mit ungewöhnlichem Geschick und solchem Erfolg, daß sie bald zur Inhaberin einer angesehenen Firma wurde.
„Ihr Entschluß war gefaßt. Sie wollte sich selbst durchschlagen und von niemandem eine Unterstützung annehmen. Freilich verstand sie noch

nicht viel vom Holzhandel, weil die vielen Kinder ihre ganze Zeit ausgefüllt hatten. Aber sie war eine Kaufmannstochter und besaß von Natur aus die spezifisch kaufmännische Begabung: Sie konnte ausgezeichnet rechnen, sie besaß den richtigen Blick dafür, was ein ‚Geschäft‘ ist, Mut und Entschlossenheit, um im rechten Augenblick zuzugreifen, und doch genügend Vorsicht, um nicht zu viel zu wagen; vor allem im höchsten Maß die Gabe, mit Menschen umzugehen."

Die Mutter war eine gläubige Jüdin, die auch ihr wirtschaftliches Vorankommen immer dem Segen von oben zugeschrieben hat: „Ich kann mir doch nicht einbilden, daß ich alles, was ich erreicht habe, meiner Kraft verdanke."

In der Familie Stein hielt man den Sabbat und die jüdischen Feiertage, aber sobald die Kinder das Elternhaus verlassen hatten, nahmen sie Abstand von der religiösen Praxis der Mutter.

So auch Edith Stein. Mit 14 Jahren gab sie den jüdischen Glauben auf und bezeichnete sich bis zum 21. Lebensjahr als Atheistin.

Trotz einer innigen Verbundenheit, betont Edith Stein, „war meine Mutter nicht meine Vertraute - so wenig wie sonst jemand".

Nach bestandenem Staatsexamen (1915) gratulierte ihr die Mutter brieflich. Sie bemerkte unter anderem, „sie würde sich noch mehr freuen, wenn ich daran denken wollte, wem ich diesen Erfolg verdankte". - „Aber so weit war ich noch nicht, ... ich hatte den Weg zu Gott noch nicht wiedergefunden."

Durch die Lektüre der Autobiographie der Teresa von Avila fand Edith 1921 zum christlichen Glauben. Als sie bei einem Besuch in Breslau ihrer Mutter eröffnete: „Mutter, ich bin katholisch", sagte die Mutter kein Wort. Sie weinte nur. Edith blieb ein halbes Jahr bei ihr, begleitete sie in die Synagoge und hielt mit ihr das Fasten am Versöhnungstag.

„Meine Sehnsucht nach Wahrheit war ein einziges Gebet." (Edith Stein)

Nach ihrer Taufe am 1. Januar 1922 wollte Edith Stein sehr bald in den Karmel eintreten. Doch sie nahm Rücksicht auf die Mutter: „Sie würde nicht daran sterben; aber es würde sie mit einer Verbitterung erfüllen, die ich nicht verantworten könnte ... Ich mußte in Geduld warten. So wurde mir auch von meinen geistlichen Beratern versichert."

Das Warten dauerte zwölf Jahre. Erst 1933 wurde Edith Stein in den Kölner Karmel aufgenommen. „Würde mich meine Mutter (damals 84jährig) nicht lieber in einem Kloster in Deutschland wissen als in einer Schule in Südamerika?"

Die Mutter starb 1936, sechs Jahre bevor ihre Tochter in den Gaskammern von Auschwitz ermordet wurde.

DORIS TUCHOLSKY

Kurt Tucholsky

(1890–1935)

Der Journalist und Schriftsteller war einer der bedeutendsten deutschen Satiriker.

Frau Doris Tucholski, verheiratet mit dem weitläufig verwandten Kaufmannssohn Alex Tucholsky, gab drei Kindern das Leben. Kurt, der Älteste, hatte keine leichte Kindheit. Nach dem Tod des Vater (Kurt Tucholsky war damals 15 Jahre alt) kam er in eine tiefe Krise.
Die als „durchaus gesellig und schlagfertig" beschriebene Mutter starb 74jährig im KZ Theresienstadt (Mai 1943). So töteten die Nazis die Mutter des Mannes, den sie 1933 nicht hatten erreichen können. Kurt Tucholsky war 1933 aus Deutschland ausgebürgert worden und lebte bis zu seinem Freitod am 21. Dezember 1935 in Schweden.
Geprägt von der eigenen Erfahrung schrieb er „Mutterns Hände".

Mutterns Hände

Hast uns Stulln jeschnitten
un Kaffe jekocht
        un de Töppe rübajeschohm -
un jewischt und jenäht
un jemacht und jedreht ...
        alles mit deine Hände.

Hast de Milch zujedeckt,
uns Bobongs zujesteckt
        un Zeitungen ausjetragen -
hast die Hemden jezählt
und Kartoffeln jeschält ...
        alles mit deine Hände.

Hast uns manches Mal
bei jroßen Schkandal
        auch'n Katzenkopp jejeben.
hast uns hochjebracht.
Wir warn Stücker acht,
sechse sind noch am Leben ...
        alles mit deine Hände.

Heiß warn se un kalt
Nu sind se alt
        nu bist du bald am Ende.
Da stehn wa nu hier,
und denn komm wir bei dir
        und streicheln deine Hände.

Maria Döpfner

Julius Döpfner

(1913–1976)

Der Würzburger Bischof (1948–1957) wurde 1961 von als jüngster Kardinal der Welt nach München berufen. Von 1965 bis zu seinem Tod Vorsitzender der Deutschen Bischofskonferenz.

Maria Döpfner, geborene Büttner, hat das Leben ihres Sohnes Julius entscheidend mitgeprägt. Sie starb 59jährig (1934), elf Jahre nach ihrem Mann.
Über sein Elternhaus erzählte der spätere Kardinal:

„Meine Heimat ist die fränkische Vorder-Rhön, das Land südlich des Kreuzbergs. Der Vater, ein von innen heraus nobler und tiefgläubiger Mann, war Hausdiener in einem Kissinger Hotel. Er starb, als ich erst zehn Jahre alt war (1923).
Die Mutter war eine starke Frau, die sich als Witwe zielbewußt und mit einer tiefen, verhaltenen Liebe für ihre vier Kinder einsetzte."

„Es gehört für mich zu den aus meiner Kindheit am stärksten nachwirkenden Eindrücken, daß ich an meiner Mutter und an meiner ganzen Familie sah, wie es nicht eine Pflicht war oder etwas, was sich gehört, sondern wie es dankbar als Angebot empfunden wurde, den Tag der Arbeit und des Lebens beginnen zu können in dieser gesammelten, stärkenden Stunde vor dem Altar des Herrn. Mir ist unvergeßlich ein Wort, das meine Mutter manchmal sagte: ‚Wenn ich in der Zeit, wo es besonders viel zu tun gibt, meine, ich fände nicht die Zeit, am Morgen um sechs Uhr (wie es damals üblich war) in die heilige Messe zu gehen, dann werde ich mit meiner Arbeit bestimmt nicht fertig.'"

„Ich darf einmal ganz offen gestehen: Ich habe als Prediger und als Bischof noch nicht eine Sekunde die Versuchung verspürt, daß ich etwa in diesem Beruf ein vollkommeneres Christenleben führe, als mein Vater und meine Mutter es getan haben. Wenn ich mit meiner Berufung den Ruf des Herrn so ernst nehme, wie meine Eltern und so viele ganz schlichte und einfache Christen in ihrem Beruf, in ihrem Ehestand, dann danke ich Gott von ganzem Herzen."
(Am 23.4.1972 in Traunstein)

MARIANNA RONCALLI

Papst Johannes XXIII.

(1881 – 1963)

Der „gute Papst“ berief 1962 das Zweite Vatikanische Konzil ein, um die Fenster der Kirche weit aufzumachen.

„Heute haben sie mich zum Papst gemacht“, schrieb Angelo Roncalli, fortan „Johannes XXIII.“, am 28. Oktober 1958 in sein Tagebuch, „den armen Sohn der Battista und Marianna Roncalli - zweier guter, sehr bescheidener und demütiger Christen.“

Papst Johannes XXIII. stammte aus einer Bergbauernfamilie. Seine Eltern, Marianna, geborene Mazzuola, und Giovanni Battista Roncalli (gest. 28.7.1935), hatten zehn Kinder.
„Wir waren sehr arm, aber das waren alle, daher merkten wir gar nicht, daß wir irgend etwas entbehrten. Aber wir hatten ein gutes Leben, wir vertrauten der Zukunft. Brot kam nie auf den Tisch, einfach Polenta, und höchst selten ein bißchen Fleisch. Wenn aber ein Bettler anklopfte, hieß meine Mutter ihn sich zu uns an den Tisch setzen. Keiner wurde je von unserer Tür gewiesen.“

„Nachdem ich Euer Haus mit ungefähr zehn Jahren verlassen habe“, schreibt Roncalli in einem Brief an seine Eltern, „habe ich viele Bücher gelesen und viele Dinge gelernt, die Ihr mich nicht lehren konntet. Aber die wenigen

Dinge, die ich bei Euch zu Hause gelernt habe, sind die köstlichsten und wichtigsten geblieben. Sie beleben mit ihrer Wärme die vielen anderen, die ich später in langen Studien- und Lehrjahren gelernt habe."

Aus seinem Tagbuch vom Sommer 1909. Angelo Roncalli ist 28 Jahre alt:
„Heute abend ist etwas geschehen, das mich beunruhigt und einen tiefen und schmerzlichen Eindruck hinterlassen hat. Meine Mutter fühlte sich durch einige Worte (die ich, um die Wahrheit zu sagen, behutsamer hätte vorbringen können) etwas gekränkt. Sie war sehr beleidigt und redete zu mir in einer Weise, wie ich es von meiner Mutter nie erwartet hätte ... Das war zuviel für das Herz eines Sohnes. Es war ein Schlag, der mich mit Bitterkeit erfüllte. Mußte ich da nicht weinen? O Mutter, wenn du wüßtest, wie sehr ich dich liebe und wie sehr ich dich glücklich sehen möchte, du könntest dich vor Freude nicht fassen! Du aber, Jesus, nimm dieses wirkliche Opfer an, das ich dir bringe und ins Herz lege, und schenke mir immer größere Milde und Güte, und schenke meiner guten, armen Mutter größere Kraft."

Die Nachricht vom Tod seiner Mutter (gest. am 20.2.1939) erreichte den Apostolischen Administrator Roncalli in Istanbul, einen Tag nach der Totenmesse für Papst Pius XI. Da er nicht nach Hause zur Beerdigung fahren konnte, schrieb ihm seine Schwester Ancilla: „Mutter sprach oft von ihren Kindern und besonders von Dir, der Du so weit weg bist ... Wie sehr freute sie sich, als Dein Brief kam! Sie wollte ihn niemand anderem anvertrauen, sondern bestand darauf, ihn selbst in der Hand zu halten, um ihn zu lesen. Als sie dann fürchtete, etwas übersehen zu haben, mußte Enrica ihr den Brief vorlesen, während sie murmelte: ‚Ich versteh, daß er wahrscheinlich nicht kommen kann; nun, laßt uns hoffen; wenn der Herr mich noch etwas länger hier läßt, werde ich froh sein; wenn dies aber nicht der Fall sein sollte, werde ich seinen Willen tun, und wir werden uns im Himmel wiedersehen.‘“

Kurz danach schreibt Roncalli an die Familie: „Ich habe ein Schriftstück gefunden, das sowohl sie wie auch unser lieber Vater mir zur Aufbewahrung gaben, damit ich ihren Willen ausführe. Das Papier enthält eine Bemerkung, die wie folgt lautet: ‚Da ich meinem Sohn Alfredo, der ledig geblieben ist, nicht die Vergünstigungen gewähren konnte, wie sie hingegen meinen Söhnen, seinen Brüdern Zaverio, Giovanni, Giuseppino zuteil geworden sind, bestimme ich, daß bei meinem Tode Alfredo mein ganzes Bett, das heißt: Bettgestell, Federmatratze, Matratze, 8 Bettücher und Decken usw., und die Möbel, die in meinem Schlafzimmer sind, gegeben werden. Ich bitte meinen Sohn, Msgr. Angelo, diesen meinen Willen ausführen zu lassen. Roncalli Mazzola Marianna.‘“

„Jeder kann Papst werden.
Dafür bin ich der beste Beweis.“
(Johannes XXIII.)

*M*ARIA KOLBE

Maria Dabrowska (geb. 25.2.1870), die Mutter des Maximilian Kolbe, heiratete am 5. Oktober 1891 den ein Jahr jüngeren Julius Kolbe, der wie sie das Handwerk des Webens gelernt hatte. Als durch das Aufkommen der ersten Textilfabriken viele Weber arbeitslos wurden, zog die Familie nach Lodz, wo der Vater in einer Mühle Arbeit fand. Gemeinsam traten sie 1894 der Franziskanischen Gemeinschaft bei.
Sie bekamen fünf Söhne, Franz (wurde 1943 verhaftet und starb im KZ), Raimund (bekannt unter seinem Ordensnamen Maximilian) und Josef sowie Valentin und Anton, die noch als Säuglinge gestorben sind.
Maria Kolbe trat 1908 mit dem Einverständnis ihres Mannes als externes Mitglied bei den Benediktinerinnen ein. Dieser Entschluß der Mutter bewegte Raimund, trotz einer inneren Krise im Seminar zu bleiben. Fünf Jahre später schloß sie sich der Franziskanischen Gemeinschaft in Krakau an. Dort blieb sie bis zu ihrem Tod am 17. März 1946.

Als der Vater im Ersten Weltkrieg umkam, vergrößerte sich die Not der immer schon armen Familie noch mehr. Um die drei Kinder durch-

Maximilian Kolbe

(1894–1941)

Der polnische Franziskanerpater Maximilian Kolbe ging 1941 freiwillig an Stelle des Familienvaters Franciszek Gajowniczek in den Hungerbunker von Auschwitz.

Maria Kolbe, geb. Dabrowska

zubringen, besorgte die Mutter einen kleinen Kramladen und leistete Hebammendienste.

Seinen letzten Brief schrieb Maximilian Kolbe an seine Mutter (15.6.1941):

„Meine liebe Mutter.
Mit einem Transport am Ende des Monats bin ich ins Lager Auschwitz gekommen. Bei mir ist alles gut. Sei, liebe Mutter, ruhig über mich und meine Gesundheit, weil der liebe Gott ist in jedem Orte und denkt mit großer Liebe über alle und alles.“

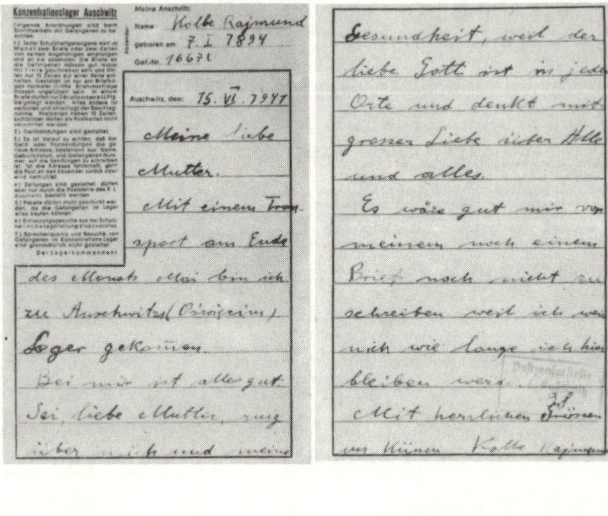
Konzentrationslager Auschwitz

Meine Anschrift:
Name: Kolbe Rajmund
geboren am: 7.I.1894
Gef.-Nr. 16670

Auschwitz, den: 15.VI.1941

Meine liebe Mutter.
Mit einem Transport am Ende des Monats Mai bin ich zu Auschwitz (Oświęcim) Lager gekommen.
Bei mir ist alles gut.
Sei, liebe Mutter, ruhig über mich und meine Gesundheit, weil der liebe Gott ist in jedem Orte und denkt mit grosser Liebe über Alle und alles.
Es wäre gut mir von meinem noch einem Brief noch nicht zu schreiben weil ich weiss nicht wie lange ich hier bleiben werde.
Mit herzlichen Grüssen und Küssen Kolbe Rajmund

Die letzte Karte Kolbes an seine Mutter, 1941 aus dem KZ Auschwitz

BORTOLA LUCIANI

Der Vater von Papst Johannes Paul I., Giovanni Luciani, ein Maurer, war früh verwitwet. Aus seiner ersten Ehe hatte er zwei Töchter, Pia und Amalia, die beide taubstumm waren. In Murano bei Venedig, wo der Vater in einer Mennigefabrik arbeitete, lernte er Bortola Tancon kennen, die 33jährig seine zweite Frau wurde (1911). Eine einfache Frau, die die damalige Pflichtschulzeit von drei Jahren absolviert hatte.

Papst Johannes Paul I.

(1912–1978)

Der „lächelnde Papst“ hat in den nur 33 Tagen seines Pontifikats die Herzen vielen Menschen gewonnen.

„Unsere Mama“, erzählt die Tochter Antonia, „konnte fast den ganzen Katechismus von Pius X. auswendig und brachte ihn uns beim Waschen oder Anziehen bei. In ihrer Jugend war sie einmal in Venedig Kardinal Sarto begegnet. ‚Denkt euch‘, sagte sie zu uns, ‚ich habe den Mann gesehen, der dann Papst geworden ist.‘“
Durch den Einfluß der gläubigen Bortola hat der Vater nach und nach seine atheistischen Überzeugungen aufgegeben und zum christlichen Glauben zurückgefunden.
Am 17. Oktober 1912 kam in Canale d'Agordo Albino zur Welt, etwa fünf Jahre später Edoardo, dann Antonia; Federico starb, als er noch nicht ein Jahr alt war, an einer Lungenentzündung.

Um ihre eigenen vier Kinder und die zwei Mädchen aus der ersten Ehe ihres Mannes ernähren zu können, mußte die Mutter auch außerhalb arbeiten gehen. 1917/18 hat die Familie oft großen Hunger gelitten. Einmal schickte die Mutter Albino sogar zum Almosenbetteln. An diese Zeit erinnert sich der Bruder Edoardo: „Unsere Familie hatte wenig Geld, ganz wenig, aber es war eine Art Würde in unserer Armut. Die Mutter machte es möglich, daß wir unsere Schulbücher kaufen konnten. Wir haben alle viel gelacht und eine glückliche Jugend erlebt."

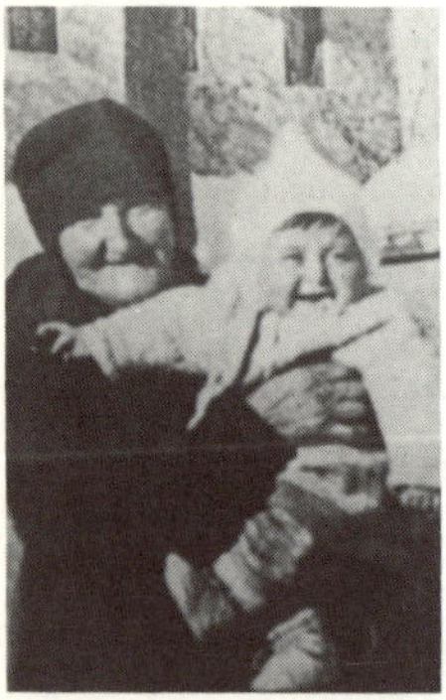

Bortola Luciani, geb. Tancon, mit einem Enkelkind

In einem Aufsatz aus der Grundschulzeit beschrieb Albino seine Mutter:
„Sie ist einfach gekleidet, denn sie ist eine Bäuerin. Sie ist gut, aber sie verliert die Geduld, wenn wir nicht brav sind. Sie ist groß, schlank und hat schwarze Haare. Sie ist gesund, aber manchmal wird sie krank. Sie ist keine Witwe, und sie ist ein einziges Mal verheiratet. Sie arbeitet zu Hause, aber auch auf dem Feld. Sie kann schreiben und auch rechnen."

Uns ist ein Brief erhalten, den der 10jährige Albino an seine Mutter geschrieben hat:

5. März 1923

Liebe Mutter,
vor einigen Tagen schicktest Du mich nach Cencenighe, um Arznei einzukaufen. Um schnell dorthin zu kommen, nahm ich den klei-

nen Schlitten. Doch ich stürzte und verlor zwei von den zwölf Lire, die Du mir gegeben hattest. Du wußtest ja nicht, wie teuer das Medikament war. Als ich wieder zu Hause war, gab ich Dir fünf Lire zurück. Doch die Arznei kostete fünf Lire, aber ich sagte Dir sieben Lire. Ich hatte nicht den Mut, sofort die Wahrheit zu sagen, ich wollte nichts verraten. Doch dann quälte mich das Gewissen, und seitdem ist es nicht mehr so ruhig wie früher. Heute habe ich viel darüber nachgedacht, jetzt will ich die Wahrheit bekennen, denn mein Gewissen ist wirklich nicht mehr ruhig.
Mir fiel das Sprichwort ein, das sagt: Eine Sünde, die man bekennt, ist halb verziehen.
Ich hoffe, daß Du mir verzeihst, so wie sonst auch; denn Du bist so gut. Wenn Du die zwei Lire willst, werde ich sie Dir zurückgeben, sobald ich sie habe.
Ich denke, daß Du mir verzeihst, ich habe jetzt wieder ein ruhiges Gewissen.
Ich denke an Dich und grüße Dich

Dein Sohn Albino

„Die Eltern sind das erste Religionsbuch, das Kinder lesen.“ (Albino Luciani)

Als Albino das Priesterseminar besuchte, sagte sie ihm: „Ich bete immer zum Herrn, daß du Priester werden kannst. Aber wenn du dich eines Tages nicht mehr dazu berufen fühlst, dann mach dir keine Sorgen wegen mir; denke daran, daß du wirklich frei bist.“

Sein erstes Buch „Catechetica in bricciole“ widmete Don Albino seiner Mutter, „meiner ersten Katechetin“. Die Mutter hat das Erscheinen des Büchleins nicht mehr erlebt. Sie starb am 2. März 1948.

Bei seiner letzten Generalaudienz am 27. September 1978 erzählte der Papst, daß er immer noch täglich ein Gebet spreche, das ihn die Mutter gelehrt habe:

„Mein Gott, mit ganzem Herzen
und mehr als alles andere liebe ich dich,
unendliches Gut,
meine ewige Seligkeit.
Aus Liebe zu dir
liebe ich meinen Nächsten wie mich selbst,
bin ich bereit,
empfangenes Unrecht zu verzeihen.
Mein Herr und Gott:
laß meine Liebe zu dir noch wachsen.“

Emilie Mayer

Die Pforzheimer Fabrikantentochter Emilie Wehrle heiratete 20jährig den erfolgreichen Geschäftsmann Rupert Mayer (geb. 1849). Sie hatten sechs Kinder; Rupert kam als zweites am 23. Januar 1876 in Stuttgart zur Welt.

Der Jesuit und beliebte Männerseelsorger Münchens schrieb aus dem KZ Sachsenhausen-Oranienburg mehrere Briefe an seine Mutter:

„Jetzt habe ich wirklich nichts und niemanden mehr als den lieben Gott. Und das ist genug, ja übergenug ... Ich sah das seit längerer Zeit auf mich zukommen. Keiner hats geglaubt. Jetzt ist es gekommen. Gott weiß, warum!"
(16.1.1940)

„Du wirst verstehen, daß ich über das, was mich wieder ins Gefängnis gebracht hat, nicht schreiben kann. ... Ich mache mir um die Zukunft nicht die geringste Sorge. Ich lege alles in Gottes Hand. So bin ich innerlich restlos ruhig und zufrieden. Ich glaube, Dir und allen Lieben dies zur Beruhigung mitteilen zu müssen. ...
Täglich denke ich an Vater. Du hast mir nach seinem Tod seinen besten Mantel geschickt.

Rupert Mayer

(1876–1945)

Der Jesuit, Volksmissionar und beliebte Männerseelsorger kam wegen seiner klaren Ablehnung des Nationalsozialismus ins KZ Sachsenhausen-Oranienburg. Der „Apostel Münchens" starb am 1. November 1945.

Emilie Mayer, geb. Wehrle

Derselbe hat mir seitdem unsägliche Dienste geleistet. Zuerst zum Ausgehen, dann im Beichtstuhl, und dann ist er mein steter treuer Begleiter ins Gefängnis. Da dient er regelmäßig dazu, den harten Stuhl etwas zu polstern …
Wie freue ich mich, den guten Papa bald wiederzusehen."
(ohne Datum)

„Ich danke Dir herzlich für den guten Willen, mir etwas zu schicken, aber es ist nichts zu machen. Das ist unvereinbar mit den geltenden Bestimmungen. Ich hoffe, mit Genehmigung des Herrn Kommandanten, mir noch einige Bücher schicken lassen zu dürfen. Wenn Du monatlich mir 25,- Mark schicken könntest, so wäre ich reichlich versorgt."
(15.3.1940)

PAULA BONHOEFFER

Paula von Hase, die Mutter Dietrich Bonhoeffers, stammte aus einem bekannten Theologengeschlecht. Sie wurde am 30. Dezember 1876 zu Königsberg geboren. Am 5. März 1898 heiratete sie den Psychiater Karl Bonhoeffer.

Mit einem damals außergewöhnlichen Streben nach Selbständigkeit hatte Paula von Hase durchsetzen können, daß sie das Lehrerinnenexamen ablegen durfte. So konnte sie ihren Kindern den ersten Schulunterricht selbst erteilen. Am Jahresende mußten sich die Kinder dann der staatlichen Prüfung unterziehen.

Paula Bonhoeffer, schreibt Eberhard Bethge, der Biograph ihres Sohnes Dietrich, „war eine sehr anregende und nie kapitulierende Mutter. Sie wußte jede Aufgabe interessant zu machen und über Hemmungen hinwegzuhelfen. Ohne Textbücher vermittelte sie den Kindern einen großen Schatz an Versen, Liedern und Spielen. Noch als Großmutter führte sie an ihrem Geburtstag das alte Familien-Puppentheater vom Rotkäppchen auf."

Sie schenkte acht Kindern das Leben. Dietrich und seine Zwillingschwester Sabine wurden am 4. Februar 1906 in Breslau geboren.

Die Geborgenheit, die ihm Eltern und Geschwi-

Dietrich Bonhoeffer

(1906–1945)

Als Leiter des Predigerseminars der Bekennenden Kirche in Finkenwalde/Stettin schloß sich Dietrich Bonhoeffer dem politischen Widerstand an. 1945 wurde er im KZ Flossenbürg hingerichtet.

ster vermittelten, war für Dietrich so groß, daß er als Student seiner jüngsten Schwester einmal sagte:

„Ich möchte einmal ungeborgen sein. Wir können die anderen nicht verstehen. Bei uns sind immer die Eltern da, die alle Schwierigkeiten erleichtern. Und ob wir auch noch so weit weg sind, gibt uns das eine so unverschämte Sicherheit."

Im April 1943 wurde Dietrich Bonhoeffer von der Gestapo verhaftet. Vom Kellergewahrsam in der Prinz-Albrecht-Straße in Berlin schrieb er kurz nach Weihnachten 1944 an seine Mutter:

28.12.44

Liebe Mama!

Eben habe ich zu meiner ganz großen Freude die Erlaubnis bekommen, Dir zum Geburtstag (30.12.) zu schreiben. Ich muß es etwas in Eile tun, da der Brief gleich noch fort soll. Eigentlich habe ich nur einen einzigen Wunsch, nämlich Dir in diesen für Euch so trüben Tagen irgendeine Freude machen zu können. Liebe Mama, Du mußt wissen, daß ich jeden Tag unzählige Male an Dich und Papa denke und daß ich Gott danke, daß Ihr da seid für mich und für die ganze Familie. Ich weiß, daß Du immer nur für uns gelebt hast und daß es für Dich ein eigenes Leben nicht gegeben hat. Daher kommt es, daß ich alles, was ich erlebe, auch nur mit Euch zusammen erleben kann. ... Ich danke Dir für alle Liebe, die im vergangenen Jahr von Dir zu mir in meine Zelle gekommen ist und mir jeden Tag hat leichter werden lassen. Ich glaube, daß diese schweren Jahre uns noch enger miteinander verbunden haben, als es je war. Ich wünsche Dir und Papa ... und uns allen, daß das neue Jahr uns doch wenigstens hier und da einen Lichtblick bringt und daß wir uns doch noch einmal zusammen freuen können. Gott erhalte Euch gesund! Es grüßt Dich, liebe, liebe Mama, und denkt an Dich an Deinem Geburtstag von ganzem Herzen

Euer dankbarer Dietrich

Da er mehrmals verlegt wurde, konnten die Eltern den Kontakt zu ihm nicht aufrecht erhalten. Als er schon - ohne daß seine Eltern es wußten - im KZ Flossenbürg war, schrieb die Mutter am 1. April 1945 noch einmal nach Berlin. Der Brief hat ihn nicht mehr erreicht. Am 9. April 1945 ist Dietrich Bonhoeffer hingerichtet worden.

„Meine Gedanken sind Tag und Nacht bei Dir", schrieb die Mutter, „in Sorge, wie es Dir ergehen mag. Hoffentlich kannst Du etwas arbeiten und lesen und kommst nicht zu sehr herunter! Gott helfe Dir und uns durch diese schwere Zeit. Wir bleiben in Berlin, komme was da wolle. Deine alte Mutter."
Die Mutter starb am 1. Februar 1951.

„Von guten Mächten wunderbar geborgen, erwarten wir getrost, was kommen mag.
Gott ist mit uns am Abend und am Morgen und ganz gewiß an jedem neuen Tag."
(D. Bonhoeffer, im Dezember 1944)

IDA KÄSTNER

Erich Kästner

(1899–1974)

Satiriker und Kinderbuchautor (Emil und die Detektive, Pünktchen und Anton, Das doppelte Lottchen)

Die am 9. April 1871 in Kleinpelsen bei Döbeln als Tochter eines Schmieds geborene Ida Amalia Augustin heiratete am 31. Juli 1892 den gelernten Sattler und Tapezierer Emil Kästner.
Am 23. Februar 1899 wurde in Dresden Erich Kästner geboren. Um das Haushaltsgeld aufzubessern, nahm Ida Amalia zunächst Heimarbeit an. Dann lernte sie - 35jährig - frisieren und eröffnete in ihrer Wohnung einen „Salon". In seiner freien Zeit half der Sohn fleißig mit. „Die Zeit", erinnerte er sich, „war ausgefüllt wie der Terminkalender eines Generaldirektors. ... Doch Kinder bringen viel zuwege. Und ganz nebenbei wachsen sie auch noch!"
Während des Kriegs wurde die Postverbindung zwischen Mutter und Sohn gewaltsam unterbrochen. Sich in die Situation seiner Mutter hineinversetzend, schrieb Kästner 1946 das „Lied einer alten Frau am Briefkasten". Darin heißt es:

„Die Sehnsucht schickt dir Briefe,
als ob ich selber liefe,
um dir recht nah zu sein.
Wenn mich der Tod jetzt riefe -
wer schriebe dir dann Briefe
und würfe sie hier ein?"

Der Tod rief die 80jährige am 9. Mai 1951. In seinem autobiographischen Werk „Als ich ein kleiner Junge war" schreibt Erich Kästner:

„Meine Mutter war kein Engel und wollte auch keiner werden. Ihr Ideal war handgreiflicher. Ihr Ziel lag in der Ferne, doch nicht in den Wolken. Es war erreichbar. Und weil sie energisch war wie niemand sonst und sich von niemandem dreinreden ließ, erreichte sie es. Ida Kästner wollte die vollkommene Mutter ihres Jungen werden. Und weil sie das werden wollte, nahm sie auf niemanden Rücksicht, auch auf sich selber nicht, und wurde die vollkommene Mutter. All ihre Liebe und Phantasie, ihren ganzen Fleiß, jede Minute und jeden Gedanken, ihre gesamte Existenz setzte sie, fanatisch wie ein besessener Spieler, auf eine einzige Karte, auf mich. Ihr Einsatz hieß: ihr Leben, mit Haut und Haar!
Die Spielkarte war ich. Deshalb mußte ich gewinnen. Deshalb durfte ich sie nicht enttäuschen. Deshalb wurde ich der beste Schüler und der bravste Sohn. Ich hätte es nicht ertragen, wenn sie ihr großes Spiel verloren hätte. Da sie die vollkommene Mutter sein wollte und war, gab es für mich, die Spielkarte, keinen Zweifel: Ich mußte der vollkommene Sohn werden. Wurde ich's? Jedenfalls versuchte ich es. Ich hatte ihre Talente geerbt: ihre Tatkraft, ihren Ehrgeiz und ihre Intelligenz. Damit war schon etwas anzufangen. Und wenn ich, ihr Kapital

und Spieleinsatz, wirklich einmal müde wurde, nur und immer zu gewinnen, half mir, als letzte Reserve, eines weiter: Ich hatte die vollkommene Mutter ja lieb. Ich hatte sie sehr lieb.
Erreichbare Ziele sind besonders deshalb und deshalb besonders anstrengende, weil wir sie erreichen möchten. Sie fordern uns heraus, und wir machen uns, ohne nach links oder rechts zu blicken, auf den Weg. Meine Mutter blickte weder nach links noch nach rechts. Sie liebte mich und niemanden sonst. Sie war gut zu mir, und darin erschöpfte sich ihre Güte. Sie schenkte mir ihren Frohsinn, und für andere blieb nichts übrig. Sie dachte nur an mich, weitere Gedanken hatte sie keine. Ihr Leben galt mit jedem Atemzuge mir, nur mir.

Ida Kästner, geb. Augustin, 35jährig

Darum erschien sie allen anderen kalt, streng, hochmütig, selbstherrlich, unduldsam und egoistisch. Sie gab mir alles, was sie war und was sie hatte, und stand vor allen anderen mit leeren Händen da, stolz und aufrecht und doch eine arme Seele. Das erfüllte sie mit Trauer. Das machte sie unglücklich. Das trieb sie manchmal zur Verzweiflung. Ich sage das nicht obenhin und nicht als Redensart. Ich weiß, was ich sage. Ich war ja dabei, wenn sich ihre Augen verdunkelten. Damals, als ich ein kleiner Junge war. Ich fand sie ja, die hastig bekritzelten Zettel, wenn ich aus der Schule kam! Auf dem Küchentisch lagen sie. ‚Ich kann nicht mehr!‘ stand darauf. ‚Sucht mich nicht!‘ stand darauf.

‚Leb wohl, mein lieber Junge!' stand darauf. Und die Wohnung war leer und tot.
Dann jagte ich, von wilder Angst gehetzt und gepeitscht, laut weinend und fast blind vor Tränen, durch die Straßen, elbwärts und den steinernen Brücken entgegen. Die Schläfen hämmerten. Der Kopf dröhnte. Das Herz raste. Ich lief in Passanten hinein, sie schimpften, und ich jagte weiter. Ich taumelte vor Atemlosigkeit, schwitzte und fror, fiel hin, rappelte mich hoch, merkte nicht, daß ich blutete, und jagte weiter. Wo konnte sie sein? Würde ich sie finden? Hatte sie sich etwas angetan? War sie gerettet worden? War es noch Zeit, oder war es zu spät? ‚Mutti, Mutti, Mutti!' Mir fiel nichts weiter ein. Es war bei diesem Wettlauf mit dem Tod mein einziges endloses Gebet.
Ich fand sie jedesmal. Und fast jedesmal auf einer der Brücken. Dort stand sie bewegungslos, blickte auf den Strom hinunter und sah aus wie eine Wachsfigur. ‚Mutti, Mutti, Mutti!' Nun schrie ich es laut und immer lauter. Mit letzter Kraft schleppte ich mich zu ihr hin. Ich packte sie, zerrte an ihr, umarmte sie, schrie und weinte und schüttelte sie, als sei sie eine große, bleiche Puppe - und dann erwachte sie wie aus einem Schlaf mit offenen Augen. Jetzt erst erkannte sie mich. Jetzt erst merkte sie, wo wir waren. Jetzt erst erschrak sie. Jetzt erst konnte sie weinen und mich fest an sich drücken und mühsam und heiser sagen: ‚Komm, mein Junge, bring mich nach Hause!' Und nach den ersten

„Kästner liebt die Menschen. (Sonst schrieb er seine Romane für Kinder nicht.) Dieser scheinbare Zyniker besitzt Eigenschaften, die mancher Leser nicht bei ihm vermutet: Redlichkeit, Herzlichkeit, Hilfsbereitschaft, eine ausgeprägte Kollegialität und Treue gegen sich und andere."
(James Krüss)

zaghaften Schritten flüsterte sie: ‚Es ist schon wieder gut.'
Manchmal fand ich sie nicht. Dann irrte ich ratlos von einer Brücke zur andern, lief hin, um nachzusehen, ob sie inzwischen zurückgekommen sei, rannte wieder zum Fluß, die Brückentreppen hinunter, das Neustädter Ufer entlang, schluchzte und bebte vor Angst, ich könne Boote entdecken, von denen aus man mit langen Stangen nach jemandem fischte, der von der Brücke gesprungen war. Dann schleppte ich mich wieder nach Hause und warf mich, von Hoffnung und Verzweiflung geschüttelt, über ihr Bett. Halb ohnmächtig vor Erschöpfung schlief ich ein. Und wenn ich erwachte, saß sie neben mir und drückte mich fest an sich. ‚Wo bist du gewesen?' fragte ich, glücklich und ratlos. Sie wußte es nicht. Sie schüttelte über sich selber den Kopf. Dann versuchte sie zu lächeln und flüsterte, auch diesmal: ‚Es ist schon wieder gut.'"

Marie de Saint-Exupéry

Antoine de Saint-Exupéry

(1900–1944)

Der Schriftsteller und Flieger schrieb das vielleicht schönste Märchen des 20. Jahrhunderts, den „Kleinen Prinzen".

Da der Vater von Antoine, Graf Jean-Marie de Saint-Exupéry, schon sehr früh starb, hing der Sohn mit besonderer Zuneigung an seiner aus der Provence stammenden Mutter Marie, geborene de Fonscolombe.
Antoine wurde am 26. Juni 1900 als drittes von fünf Kindern in Lyon geboren. Nach dem Tod ihres Mannes (1904) lebte die Mutter zunächst in zwei Schlössern der Familie, bis sie im Herbst 1909 nach Le Mans übersiedelte, wo Antoine ein Jesuitenkolleg besuchte. Nach Ausbruch des Ersten Weltkriegs arbeitete die Mutter als Pflegeschwester im Spital von Ambérieu.
Nach dem tödlichen Absturz ihres Sohnes (31.7.1944) hat die Mutter einige seiner Briefe veröffentlicht:

Straßburg, 1921

Meine kleine Mama

... Ich träume viel von Dir und erinnere mich an viele Dinge von Dir, damals, als ich klein war. Und es schneidet mir ins Herz, daß ich Dir so oft Kummer bereitet habe.

Wenn Du nur wüßtest, Mama, wie köstlich ich Dich finde, die feinste aller „Mams“, die ich kenne. Und Du verdientest es so sehr, glücklich zu sein und auch: nicht einen garstigen Jungen zu haben, der den ganzen Tag brummt oder wettert. Nicht wahr, Mama? ...

Camp d'Avord, Oktober 1922

Meine kleine Mama!

Eben las ich wieder Deinen so liebevollen Brief, den Du mir neulich geschrieben hast. Meine kleine Mama, wie gern wäre ich bei Dir! Wenn Du wüßtest, wie ich täglich lerne, Dich noch lieber zu haben ... Was treibst Du, Mama? Malst Du? Du hast mir nichts von Deiner Ausstellung erzählt und auch nichts von dem Beifall, den Lépine Dir spendete.
Schreibe mir! Deine Briefe tun mir wohl; sie kommen zu mir wie ein frischer Luftzug. Meine kleine Mama, wie bringst Du es nur fertig, die so köstlichen Dinge zu finden, die Du sagst? Sie bewegen einen den ganzen Tag.
Ich brauche Dich ebensosehr wie damals, als ich ganz klein war ... Du bist das Beste, was ich im Leben habe. Ich habe heute abend Heimweh wie ein kleiner Junge. Wenn ich mir vorstelle, daß Du dort herumgehst und sprichst und

daß wir zusammensein könnten und daß ich nichts von Deiner Zärtlichkeit habe und daß auch ich Dir keine Stütze bin.
Mir ist wahrhaftig zum Heulen heute abend. Du bist der einzige Trost, wenn man traurig ist. Als ich ein kleiner Junge war, kam ich mit meinem dicken Ranzen auf dem Rücken nach Hause, schluchzend, weil ich bestraft worden war - Du erinnerst Dich doch an Le Mans; und nur durch einen Kuß von Dir war alles vergessen. Du warst ein allmächtiger Schutz gegen die Aufpasser und den Pater Präfekten. Man fühlte sich geborgen in Deinem Hause, man gehörte nur Dir; wie gut war das.
Nun, jetzt ist das ebenso, Du bist meine Zuflucht, Du weißt alles, Du läßt alles vergessen, und ob man will oder nicht, man fühlt sich als ganz kleiner Junge ...
Ich umarme Dich so zärtlich

Dein großer Sohn
Antoine

Morgen im Flugzeug werde ich mindestens fünfzig Kilometer in Deiner Richtung fliegen, damit ich mir einbilden kann, daß ich zu Dir unterwegs bin.

„Mehr als durch sein Heldentum, sein Dichten und bezauberndes Wesen bleibt uns Antoine so nah durch seine Zärtlichkeit.“
(Seine Mutter)

Buenos Aires, 1930

Meine kleine Mama!

... Was Unendlichkeit ist, lehrte mich nicht die Milchstraße, nicht die Fliegerei, nicht das Meer, sondern das zweite Bett in Deinem Zimmer. Es war ein wunderbarer Glücksfall, krank zu sein. Jeder von uns sehnte sich danach, es zu werden. Dieses Bett war ein Ozean ohne Grenzen, auf den die Grippe ein Anrecht verlieh ...

Martha von Karajan

Karajans Mutter, Martha Kosmac, geboren am 5. April 1908, stammte aus der Slowakei. Sie heiratete den zweiten Sohn des Leiters der Chirurgischen Klinik in Salzburg, Dr. Ernst von Karajan. „Mein Vater war sehr musikalisch, weil er aus einem typischen Wiener Haus kam, wo sehr viel Hausmusik gemacht wurde. Die Familie war auch mit Schauspielern in ständigem Kontakt."

„Meine Mutter hat an musikalischen Dingen instinktiv schon früh Anteil genommen. Gefühlsmäßig - und nicht, weil sie es gelernt hat. Am höchsten galt ihr Wagner, nicht Mozart, nicht Beethoven. Sie war eine Frau, der es recht gewesen wäre, wenn die ganze Welt irgendwie von ihr abhinge. Als Vorsteherin eines Waisenhauses für die ganze Welt wäre sie wunderbar gewesen. Sie war voll rührender Aufopferung für alles, für jeden Menschen. Dafür wollte sie freilich das Gefühl haben, daß man sie braucht."

Herbert von Karajan

(1908–1989)

Wegen seiner vielfachen Engagements nannte man Karajan den „Generalmusikdirektor Europas". „Ich war ein kalter Rechner. Aber ich habe mich sehr gewandelt. Die Rükkenoperation hat aus mir einen anderen Menschen gemacht. Die Freude am Dirigieren hat eine neue Dimension bekommen."

Maria Carretto

Carlo Carretto

(1910–1988)

Der weltweit bekannte geistliche Schriftsteller trat nach seiner Tätigkeit als Lehrer und Journalist 1954 in die Gemeinschaft der Kleinen Brüder von Charles de Foucauld ein. 1964 gründete er ein vielbesuchtes Gebetszentrum in Spello bei Assisi.

Carlo Carretto, der zu den international meistgelesenen geistlichen Autoren unserer Zeit gehört, war das dritte von sechs Kindern der Eheleute Luigi Carretto (1879–1971) und Maria, geborene Rovea (1887–1960).
„Meine Familie hatte ihren eigentlichen Wurzelstock im Hügelland der Langhe, wo mein Vater und meine Mutter ein Bauernleben geführt haben. Sie hatten in ihrem Blut die ganze Liebenswürdigkeit, die Kraft und die Religiosität dieser herrlichen Gegend."

„Meine Mutter brachte in meine Kindheit die ganze Poesie ihres Landes. Sie sang immer. Mit einer schönen hellen Stimme, die ich, wenn ich in der Kirche ministrierte, sofort heraushörte. Ich drehte mich um. Sie schaute mich an, ich schaute sie an, wir lachten einander zu und waren glücklich.
An einem Weihnachtsfest, genau um Mitternacht, während wir Kinder in der Kirche waren, brachte sie als Weihnachtsgeschenk das sechste Brüderchen zur Welt. Und als der Tod es nach drei Jahren wegraffen wollte, sah ich sie Tag und Nacht Wache halten, um es zu retten. Sie nahm das ewige, immer gleiche Jammern des

Kindes bis zum Äußersten auf sich, was sich nicht mehr aus ihrem und unserem Gedächtnis löschte."

„Einen solchen Schmerz, wie ich ihn bei Mamas Tod (1960) empfunden habe, konnte ich mir nicht vorstellen. Der Tod der Mutter ist - wie ich glaube - für den Menschen auf Erden immer ein einzigartiges Geschehen und erschüttert ihn zutiefst. Außerdem gibt es da ein Geheimnis, das mir in diesen Ausmaßen unbekannt war. Ich habe in dem Glauben gelebt, Mama zu kennen, während ich sie doch nicht gekannt habe: Mir scheint, das habe ich erst jetzt entdeckt. Es ist seltsam: Es bedarf des Todes, um die ganze Wahrheit zu erfahren, sei es über uns selbst oder über unsere Nächsten.
Ich wäre so gern in jenem Augenblick an ihrer Seite gewesen, wie ich es versprochen und sie es sich so gewünscht hatte. Doch der Herr verlangte von mir eine viel größere und heldenhaftere Entsagung und Verlassenheit: die der Jungfrau Maria nach dem Tode Jesu."

LUISE RAHNER

Karl Rahner

(1904 – 1984)

Einer der bedeutendsten Theologen unseres Jahrhunderts.

Luise Rahner, geborene Trescher (1875 – 1976), stammte aus einer Wirtsfamilie aus der Freiburger Gegend. Sie heiratete Karl Rahner (1868 – 1934), der als Professor am Lehrerseminar in Freiburg tätig war.

„Vielleicht hat meine Mutter ursprünglich mehr den Ton angegeben als mein Vater, aber das waren eigentlich auch keine besonderen Probleme." - „Meine Mutter war trotz aller Initiative eine eher depressiv-ängstliche und entsetzlich gewissenhafte Frau. Sie hat das Leben mehr von der schweren, schwermütigen Pflichtseite empfunden und sich vielleicht auch noch Pflichten angeknobelt, die sie sich hätte schenken können."

Karl Rahner hing sein ganzes Leben hindurch mit großer Liebe an seiner Mutter, er besuchte sie, sooft er konnte, aber er konnte ihr seine Zuneigung nicht zeigen. Das war schon als Kind so.

Luise Rahner, geb. Trescher

„Ich hatte zunächst meinen Eltern von meinen Jesuiten-Berufsplänen nichts gesagt. Da ist der Alemanne eher verschlossen und kann nicht so leicht mit solchen Dingen heraus. Faktisch haben meine Eltern meine Absicht dann vom Religionslehrer erfahren. Der Religionslehrer hatte gesagt: ‚Nein, der Karl, der ist dafür nicht geeignet. Der ist viel zu kontaktarm und brummig. Laßt, der soll was anderes werden.' Na, Gott, es ist also dann doch gegangen, und die Sache hat sechzig Jahre gehalten."

Vom Familienleben während seiner Jugendzeit berichtete Karl Rahner im Rückblick:
„Man lebte in einer Familie, wo sieben Kinder waren und dafür gesorgt werden mußte, daß das nötige Geld da war, damit diese überhaupt studieren konnten. Da hatte man gewissermaßen weder Lust noch Zeit, ausdrücklich Nestwärme zu erzeugen. Die war von selber da. Ich kann mich nicht an besondere Zärtlichkeiten meiner Eltern mir gegenüber erinnern.
Wenn die Mutter um sechs Uhr morgens aufstehen muß und schauen, daß die Wäsche gewaschen wird, und nicht nur sieben Kinder hatte und einen Mann und, wenn auch meinetwegen mit Hilfe von Dienstboten, noch für vier oder noch mehr andere Menschen sorgen mußte, oder, wenn in meiner Familie zum Beispiel ein französischer Hauptmann lebte, der, um in den Generalstab zu kommen, Deutsch lernen wollte, oder ein Sohn eines englischen Lords, der auch Deutsch lernen wollte. Warum, weiß ich nicht mehr. Dann hat man gar keine Zeit, Gefühle zu pflegen. Und hat auch gar kein besonderes Bedürfnis danach. Die Kinder leben ganz selbstverständlich zusammen. Die Altersunterschiede waren ja bis zu sechzehn Jahren zwischen den

„Ich hab' natürlich doch den Eindruck, daß alle theologischen, gescheiten, tiefsinnigen, großartigen, ergreifenden, zu Tränen rührenden Reden immer noch nicht so wichtig sind, als wenn man, wie, glaube ich, Meister Ekkehart gesagt hat, einem Armen ein Süpplein gibt."
(Karl Rahner, nach einem Vortrag 1983)

Kindern. Man balgte sich als Kinder oder man stritt. Man liebte sich, wenn man dieses wichtigtuende Wort nehmen will, selbstverständlich. Aber da war nicht viel an Problematik vorhanden."

„Die Mutter hat sich in ihren alten Tagen die Frage gestellt, ob sie ihren Kindern auch genügend Liebe geschenkt habe. Das ist natürlich Unsinn, weil viel Zärtlichkeit und ähnliches teils vom Alemannischen, teils von der Arbeitslast her einfach nicht drin waren. Es lag uns, glaube ich, auch nicht."

„Wenn ich dem und jenem in meinem Leben ein ganz klein wenig helfen konnte, den Mut zu fassen, mit Gott zu reden, an ihn zu denken, an ihn zu glauben, zu hoffen, zu lieben, dann - meine ich - ist das Leben der Mühe wert gewesen." (Karl Rahner)

Auch als ihr Sohn berühmt geworden war, bewahrte die Mutter ihm gegenüber ein alemannisch-nüchternes Verhältnis:

„Sie hat meinen Lebensweg eher ängstlich begleitet, etwa, daß ich nicht hochmütig werde. In dieser Richtung ging es eher, als daß sie begeistert gewesen wäre oder es großartig gefunden hätte - das ist nie vorgekommen."

101jährig sagte sie über ihren Sohn: „Ich meine, der Karl sollte jetzt aufhören. Man merkt ihm an, daß er alt wird."

EIN NACHWORT – 3000 JAHRE ALT

Die Mutter ist ein Glück
für jeden, der in Not ist.
Wer eine Mutter hat,
hat eine Beschützerin.
Er braucht nicht zu klagen,
wenn er alt wird
oder das Glück ihn verläßt,
denn er kann nach Hause kommen
und noch „Mutter“ sagen.
Auch wenn er Söhne und Enkel hat,
und wäre er hundert Jahre alt,
er kommt zu seiner Mutter wie ein Kind.
Mag er tüchtig sein oder nicht,
kränklich oder gesund:
immer behütet ihn die Mutter.
Alt und verlassen ist er,
die Welt wird leer für ihn erst dann,
wenn er seine Mutter verloren hat.
Kein kühlender Schatten
kommt der Mutter gleich,
keine Zuflucht, kein Schutz,
keine andere Liebe.

Mahabharatam
(Tausend Jahre vor Christi Geburt)

LITERATURHINWEISE

Monika, die Mutter des Augustinus
Vgl. Augustinus, Bekenntnisse 1,11,17; ders., Das selige Leben 1,6; ders., Gegen die Akademiker 2,2,5; ders., Über die Sorge für die Verstorbenen 16.
Vgl. Agostino Trapè (Hrsg.), Augustinus. Meine Mutter Monika, (Neue Stadt) München · Zürich · Wien 1984

Nonna, die Mutter des Gregor von Nazianz
Vgl. Gregor von Nazianz, Reden 7, 8, 13, 18

Emelia, die Mutter des Basilius und des Gregor von Nyssa
Vgl. Gregor von Nyssa, Das Leben meiner Schwester Makrina (Vita Macrinae; PG 46,960-990);
ders., Brief 223 an Basilius; Reden 3, 43;
Basilius, Brief 14 an Gregor

Anthusa, die Mutter des Johannes Chrysostomus
Vgl. Johannes Chrysostomus, Über das Priestertum (PG 48,621-692)

Silvia, die Mutter Gregors des Großen
Vgl. Gregor, Rede (PL 76,1291)

Aleth, die Mutter des Bernhard von Clairvaux
Vgl. Jean Leclercq, Bernhard von Clairvaux. Ein Mann prägt seine Zeit, (Neue Stadt) München ·Zürich · Wien 1990; Louise André-Delastre, La Bienheureuse Aleth. Mère de Saint Bernard, (Avenir & Tradition) Lyon 3. Aufl. 1977

Domina Pica, die Mutter des Franziskus
Vgl. Drei-Gefährten-Legende, 1 Celano I,13

Ortulana, die Mutter der Klara von Assisi
Vgl. Heiligsprechungsbulle der heiligen Klara, 10; Celano, Leben, 2

Gertrud, die Mutter der Elisabeth von Thüringen
Vgl. Unbekannter Dichter aus dem Anfang des 14. Jahrhunderts, Das Leben der heiligen Elisabeth, (Styria) Graz Wien Köln 1981

Monna Lapa, die Mutter der Caterina von Siena
Vgl. Louise Gnädinger, Caterina von Siena, (Walter) Olten 1980

Margarete Luther
Vgl. Martin Luther, TR 3,2888a; TR 3,3566A (März/Mai 1537); Brief vom 15.2.1530 (WA B 5,239-241); Brief vom 20.5.1531 (WA B 6,103-106)

Beatriz de Ahumada, die Mutter der Teresa von Avila
Vgl. Teresa von Avila, Das Leben der heiligen Theresia von Jesu, (Kösel) München und Kempten 1952; Emanuel Maria Polit, Über die Familie der heiligen Teresia, (Herder) Freiburg 1915

Catalina Alvarez, die Mutter des Johannes vom Kreuz
Vgl. Johannes vom Kreuz, Sämtliche Schriften, (Johannes) Einsiedeln 1963-1964

Franziska von Boisy, die Mutter des Franz von Sales
Vgl. Francis Trochu, Die Mutter des heiligen Franz von Sales, (Franz-Sales-Verlag) Eichstätt - Wien 1962; Franz von Sales, Geistlicher Briefwechsel mit Johanna Franziska von Chantal, (Franz-Sales-Verlag) Eichstätt - Wien 1967

Magdalena Beethoven
Vgl. Dieter Rexroth, Beethoven. Leben - Werke - Dokumente, (Schott/Piper) Mainz/München 1988

Katharina Elisabeth Goethe
Vgl. Johann Wolfgang von Goethe, Aus meinem Leben. Dichtung und Wahrheit, 6 Bände, 1811ff; Bettina Brentano, Goethe's Briefwechsel mit einem Kinde, 1835

Anna Maria Kolping
Vgl. Hans Joachim Kracht (Hrsg.): Adolph-Kolping-Schriften. Kölner Ausgabe. Band 1: Dokumente - Tagebücher - Gedichte, (Kolping-Verlag) Köln 1957, 212ff

Maria Vianney, die Mutter des Pfarrers von Ars
Vgl. Gérard Rossé: Der Pfarrer von Ars an seine Gemeinde, (Neue Stadt) München · Zürich · Wien 1991

Margherita Bosco
Vgl. Johannes Bosco, Erinnerungen, (Don Bosco) München 1988

Louise Soubirous, die Mutter der Bernadette
Vgl. Bernadette von Lourdes, Ich habe das Glück, zur Grotte zu gehen, (Herder) Freiburg 1979

Zélie Martin, die Mutter der Therese von Lisieux
Vgl. Therese vom Kinde Jesus, Selbstbiographische Schriften, (Johannes) Einsiedeln 1958; Ida Lüthold-Minder, Die Eltern einer Heiligen. Ludwig Martin und Zelia Guérin, (Miriam) Jestetten 1973

Putlibai, die Mutter Gandhis
Vgl. Mahatma Gandhi, Die Geschichte meiner Experimente mit der Wahrheit, Freiburg/München 1960

Margherita Sarto, die Mutter von Papst Pius X.
Vgl. Leonhard von Matt / Nello Vian: Pius X., (Echter) Würzburg 1954; Louise André-Delastre, Marguerite Sarto, Mère de Saint Pie X, (E.I.S.E.) Lyon 1954

Helena Spyru, die Mutter des Patriarchen Athenagoras
Vgl. Olivier Clément, Patriarch Athenagoras, (Neue Stadt) München · Zürich · Wien 1982

Adele Schweitzer
Vgl. Albert Schweitzer, Aus meiner Kindheit und Jugendzeit, (C.H. Beck) München 1985; ders.: Aus meinem Leben und Denken, (Felix Meiner) Hamburg 1931

Maria Immakulata Bea
Vgl. Augustin Bea, Die erste Kirche, in: Katholischer Digest 1/69, S. 15-20; Eva-Maria Jung-Inglessis, Augustin Bea. Kardinal der Einheit, (Paulus) Recklinghausen 1962

Angelika Gmeiner
Vgl. Hermann Gmeiner, Eindrücke, Gedanken, Bekenntnisse, (SOS-Kinderdorf-Verlag) Innsbruck-München 1979; Hansheinz Reinprecht, Hermann Gmeiner. Abenteuer Nächstenliebe, (Österreichischer Bundesverlag) Wien 1989

Hannah Chaplin
Vgl. Charles Chaplin, Die Geschichte meines Lebens, (Fischer) Frankfurt 1964

Auguste Stein
Vgl. Edith Stein, Aus dem Leben einer jüdischen Familie, Freiburg 1985

Marianna Roncalli
Vgl. Lawrence Elliott, Johannes XXIII. Das Leben eines großen Papstes, (Herder) Freiburg 1974

Maria Kolbe
Vgl. Walter Nigg, Maximilian Kolbe. Der Märtyrer von Auschwitz, (Herder) Freiburg 1980

Bortola Luciani
Vgl. Karmelitin, Johannes Paul I. Das Leben des lächelnden Papstes, (Neue Stadt) München · Zürich · Wien 1990

Emilie Mayer, die Mutter von Pater Rupert Mayer
Vgl. Anton Koerbling/Paul Riesterer, Pater Rupert Mayer, (Schnell & Steiner) München Zürich 1988

Paula Bonhoeffer
Vgl. Eberhard Bethge, Dietrich Bonhoeffer. Eine Biographie, (Kaiser) München 1989

Marie de Saint-Exupéry
Zur tiefenpsychologischen Deutung des ‚Kleinen Prinzen' im Blick auf seine Mutterbeziehung vgl. Eugen Drewermann, Das Eigentliche ist unsichtbar. Der Kleine Prinz tiefenpsychologisch gedeutet, (Herder) Freiburg 1984

Martha von Karajan
Vgl. Ernst Haeussermann, Herbert von Karajan. Eine Biographie, (Molden) Wien 1978

Maria Carretto
Vgl. Carlo Carretto, Ich habe gesucht und gefunden, (Herder) Freiburg 1983; ders., Wir sind Kirche, (Neue Stadt) München · Zürich · Wien 1978, 26f; ders., Weil deine Liebe mich treibt, (Herder) Freiburg 1990, 122f

Luise Rahner
Vgl. Herbert Vorgrimler, Karl Rahner verstehen. Eine Einführung in sein Leben und Denken, (Herder) Freiburg 1985; Meinold Krauss, Karl Rahner. Erinnerungen, (Herder) Freiburg 1984; G. Sporchill (Hrsg.): Karl Rahner, Bekenntnisse. Rückblick auf 80 Jahre, Wien 1984

QUELLENNACHWEIS

Dietrich Bonhoeffer, Widerstand und Ergebung,
(Kaiser) München 1951, S. 203
Bertolt Brecht, Ich, Bertolt Brecht, bin aus den schwarzen Wäldern, aus: Gesammelte Werke,
(Suhrkamp) Frankfurt 1967
Hermann Hesse, Franz von Assisi,
(Insel) Frankfurt 1988, S. 16
Hermann Hesse, Meiner Mutter, aus: Die Gedichte,
(Suhrkamp) Frankfurt 1977
Erich Kästner, Als ich ein kleiner Junge war,
(Atrium) Zürich 1969
Antoine de Saint-Exupéry, Briefe an seine Mutter,
(Karl Rauch) Düsseldorf 1956
Kurt Tucholsky, Mutterns Hände, aus: Kurt Tucholsky, Gesammelte Werke, Bd. III,
(Rowohlt) Reinbek 1960, S. 138

BILDNACHWEIS

Wir haben uns bemüht, die Rechtsinhaber der einzelnen Abbildungen ausfindig zu machen. Das ist uns leider nicht in allen Fällen gelungen. Für Hinweise sind wir dankbar.

S. 9: Scuola Marchigiana, S. Monica accompagna S. Agostino a scuola (15. Jh.), Vatikanische Museen

S. 27: Traum von Bernhards Mutter (1587), Kupferstich nach Antonio Tempesta, Zentralbibliothek Luzern

S. 39: Albrecht Dürers Mutter (1514), Kreidezeichnung, Kupferstichkabinett, Staatliche Museen der Stiftung Preußischer Kulturbesitz, Berlin

S. 41: Lucas Cranach, Margarethe Luther (1527), Wartburg

S. 51: Franziska von Boisy, Familienbesitz

S. 55: Rembrandts Mutter (1639), Kunsthistorisches Museum, Wien

S. 64: Die Mutter von Leo Tolstoi, Scherenschnitt, Rowohlt Archiv

S. 66: Auguste Manet, Bildnis der Eltern (1860), Musée d'Orsay, Paris (Galerie du Jeu de Paume)

S. 73: Berthe Morisot, Mutter und Schwester der Künstlerin, Ausschnitt (1870),
Washington DC, National Gallery of Art

S. 78: Margherita Bosco, die Mutter von Don Bosco (1855), Gemälde von Giuseppe Rollini nach einer Zeichnung von Bartolomeo Bellisio

S. 88: Betty Heine, Gemälde eines unbekannten Künstlers (um 1885),
Stadtgeschichtliches Museum, Düsseldorf

S. 100: Franz Marc, Bildnis der Mutter (1902),
Städtische Galerie im Lenbachhaus, München

S. 102: Marie Hesse,
Schiller Nationalmuseum, Marbach

S. 104: Adele Schweitzer,
Gustave Woytt, Straßburg

S. 108: Sophie Brecht,
Georg Birzele, Augsburg

S. 113: Otto Dix, Porträt meiner Mutter (1920),
Leopold Hoesch-Museum, Düren

S. 135: Emilie Mayer,
Privataufnahme

S. 142: Ida Kästner,
Privatarchiv Kästner

S. 152: Luise Rahner,
Anna Deppe, Freiburg

INHALT

Weitere Bücher aus der Reihe „Saatkörner“:

Hans Wallhof (Hrsg.)
EINANDER GESCHENKT
Gedanken zur Freundschaft

96 Seiten, gebunden
ISBN 3-87996-264-2

„Wo man das Buch von Pater Hans Wallhof auch aufschlägt: auf jeder Seite sprudelnde Gedanken, faszinierende Vergleiche, überzeugende Einblicke in das Geheimnis erlebter Freundschaft. Ein Geschenkband, der alles in sich hat, bestehende Freundschaft zu vertiefen, und der ermutigt, suchenden Menschen ein Freund zu werden. Hätte jeder Mensch einen Freund, die Welt wäre schon fast das Paradies. Gönnen wir uns und unseren Mitmenschen dieses schmuck aufgemachte Geschenk.“

(ferment)

VERLAG NEUE STADT MÜNCHEN · ZÜRICH · WIEN

Luis Alonso Schökel
„STEH AUF,
MEINE FREUNDIN,
MEINE SCHÖNE,
UND KOMM!“
Gedanken zum Hohenlied

136 Seiten, gebunden,
zweifarbig gestaltet.
Mit zwölf weithin unbekannten
mittelalterlichen Miniaturen

„Der Leser erhält hier von einem Fachmann eine ungewöhnliche Einführung in das Hohelied. Der Text wird nicht Vers für Vers erschlossen, sondern der Autor bietet eine Auslegung der Schlüsselbegriffe und Leitthemen. So wird menschliche Liebe in ihrer Vielfalt anschaulich. Zudem stellt der anerkannte Bibel- und Literaturwissenschaftler immer wieder Bezüge zur ‚profanen‘ Weltliteratur her.“

(Weltbild)